Moderno, Modernidade e Modernização

MODERNO, MODERNIDADE E MODERNIZAÇÃO: a educação nos projetos de Brasil - séculos XIX e XX - Dimensões teórico-metodológicas (Vol. 5)

COLEÇÃO PENSAR A EDUCAÇÃO PENSAR O BRASIL

Revisão Bruno D'Abruzzo
Capa Túlio Oliveira
Projeto gráfico e diagramação Thiago Amormino

M689 Moderno, modernidade e modernização: a educação nos projetos de Brasil – séculos XIX e XX – Dimensões teórico-metodológicas / Natália Gil, Raylane Navarro Barreto e Rosana Areal (organizadoras).– Belo Horizonte : Mazza Edições, 2017.

176 p.; 16 x 23 cm; V. 5. – (Série Estudos Históricos que integra a Coleção Pensar a Educação Pensar o Brasil).

ISBN: 978-85-7160-697-5

1. Brasil - Educação - Modernização. 2. Brasil - Projetos - Educação. I. Gil, Natália. II. Barreto, Raylane Navarro. III. Areal, Rosana. IV. Série.

CDD: 370.981
CDU: 37(81)

Mazza Edições
Rua Bragança, 101 - Pompeia
Cep: 30280-410 - Belo Horizonte - MG
Telefax: 31 3481 0591
edmazza@uai.com.br • www. mazzaedicoes.com.br

Natália Gil
Raylane Navarro Barreto
Rosana Areal de Carvalho
(Orgs.)

Moderno, Modernidade e Modernização

A educação nos projetos de Brasil - séculos XIX e XX
Dimensões teórico-metodológicas

Volume 5

MAZZA
edições

Sumário

Apresentação

A respeito da progressiva criação de novos instrumentos sempre mais eficientes, isto é, capazes de atender aos propósitos estabelecidos, pode-se falar em "revolução permanente", compreendendo a revolução no sentido pleno de transformação tão radical ao ponto de não deixar espaço algum para retornar ao estado precedente. De revolução permanente, no entanto, não se pode falar com a mesma convicção na esfera dos costumes, das relações sociais, das regras de conduta, onde às revoluções podem se suceder, e quase sempre se sucedem, eras de restauração, compreendida a restauração como o ressurgimento do velho estado de coisas em seguida ao esgotamento ou ao abrandamento do espírito inovador. À história da sociedade humana no seu conjunto parece convir melhor o conceito dialético do desenvolvimento que procede por afirmação e negação, do que aquele, comumente aceito na comunidade científica, da passagem revolucionária de um paradigma a outro.
Norberto Bobbio, Autobiografia, 1997.

Moderno, modernidade, modernização. Tais noções e suas relações com a *educação nos projetos de Brasil*, nos séculos XIX e XX, estão no centro dos interesses que congregaram nos últimos 8 anos pesquisadores de diversas regiões, distribuídos por mais de dez Universidades e outras instituições de ensino e pesquisa pelo país. Desses interesses, constituiu-se um Programa de Pesquisa, contando com financiamento do Conselho Nacional de Pesquisa e Desenvolvimento Científico e Tecnológico – CNPq. O intuito era fazer avançar a compreensão sobre o lugar da intelectualidade brasileira na construção da esfera pública, escrutinando as articulações e os desdobramentos das relações entre os intelectuais e a educação brasileira, bem como o papel atribuído à educação nos projetos formulados para o Brasil.

Os resultados desse Programa de Pesquisa foram publicados em quantidade expressiva, sob a forma de artigos, comunicações em eventos científicos, teses e dissertações e em uma coleção de livros, com quatro volumes lançados entre 2012 e 2016, sendo este que aqui apresentamos o quinto volume. A produção resultante das pesquisas realizadas evidencia a profusão e a polissemia dos termos nos diversos contextos em que aparecem. São muitos os discursos e as práticas ligados à educação, assumindo o recorte cronológico da longa duração, no qual comparece, entre outras, a intenção de "construir a nação pela instrução de seu povo" ou "seguir rumo ao progresso a partir da expansão da escola moderna" ou, ainda, "planejar o desenvolvimento do Brasil pelo planejamento educacional".

Compilados os primeiros resultados, tendo passado a etapa inicial do percurso, novos desafios foram se apresentando à equipe. Por um lado, a necessidade de construir novos questionamentos, complementares aos que haviam até então guiado os esforços investigativos, de incorporar outros objetos, de ampliar as fontes documentais, de integrar diferentes perspectivas teórico-metodológicas – decorrência quase inevitável dada a amplitude e a diversidade de origem institucional e de formação dos membros da equipe. De outro, o próprio desafio de trabalhar junto, sem hierarquias rígidas, sem estreitas prescrições de pesquisa. O fato de que da equipe fizessem parte vários pesquisadores doutores e pós-doutores, cada qual obviamente com percursos e interesses acadêmicos já bem estabelecidos, somado ao grande número de graduandos, mestrandos e doutorandos, que inevitavelmente aproximam-se e distanciam-se do nosso Programa de modo mais fluido, tendo em vista os prazos específicos dos cursos que frequentam, é um aspecto que enriquece a pesquisa ao mesmo tempo que traz algumas dificuldades.

Visando operacionalizar o trabalho de investigação, tendo presentes esses aspectos mencionados, foram estabelecidas algumas estratégias para que não houvesse dispersão dos investimentos da equipe e para possibilitar que os subprojetos de cada um caminhassem de maneira integrada. A primeira delas foi o estabelecimento de *protocolos de pesquisa*. Desse modo, a despeito da variedade de temas, fontes e abordagens, manteve-se um foco comum a todas as investigações. A cada etapa foram sendo criados e atualizados os protocolos, de modo a garantir a articulação dos esforços empreendidos por cada um dos pesquisadores participantes.

Além dos protocolos, também assumimos como estratégia operacional a prática de convidar *consultores/avaliadores* externos à equipe que, tendo por guia de análise os protocolos, fizeram a leitura dos textos de cada livro antes de sua publicação, colaborando na identificação das lacunas e dos avanços obtidos pelo trabalho desenvolvido no referido Programa de Pesquisa. Assim, foi possível aperfeiçoar a apresentação dos resultados de cada livro, bem como redirecionar a rota de pesquisa entre um livro e outro.

Uma terceira estratégia bastante importante para a integração dos trabalhos desenvolvidos pela equipe, considerando que os pesquisadores envolvidos atuam em instituições localizadas em diferentes estados e cidades do país, foi a realização de *Seminários de Pesquisa* semestrais. Em que pese a dificuldade em viabilizar tais eventos, pelos muitos deslocamentos implicados e pela exiguidade dos recursos disponíveis, tem-se buscado incansavelmente manter tais encontros, visto que têm se mostrado extremamente produtivos para fazer avançar a pesquisa.

Quatro volumes foram publicados na Coleção Pensar a Educação Pensar o Brasil, série Estudos Históricos, totalizando 42 artigos. Os volumes não se organizaram em torno de uma temática, mas a partir da produção dos pesquisadores. Assim, a cada chamada para uma nova edição, os pesquisadores se apresentavam e, coletivamente, indicavam a comissão organizadora do volume que, por sua vez, estabelecia o cronograma e as orientações formais para a produção do trabalho.

Após a publicação do quarto volume da coleção, os pesquisadores participantes do Programa de Pesquisa resolveram produzir uma escrita decorrente do esforço de "olhar para nós mesmos". Interessava que se procedesse, a exemplo do que os consultores externos fizeram a cada livro, à compreensão e à crítica daquilo que a equipe pôde acumular em termos de resultados de investigação ao longo desses 8 anos. Assim, uma primeira tarefa foi ler e reler a produção resultante da pesquisa em equipe, em especial os quatro volumes precedentes. Pareceu fundamental examinar os caminhos percorridos por cada pesquisador, atentando para os temas, as abordagens, as fontes, as inquietações em cada texto. Perceber os usos dos conceitos empregados e as teorias com as quais os estudos dialogam também foi uma tarefa cumprida, do mesmo modo que localizar as lacunas e as possibilidades de redirecionamento da pesquisa, pretendendo caminhar no sentido de colaborar com a elaboração de uma teoria sobre a intelectualidade brasileira considerando a educação nos "projetos de Brasil".

Estabelecido o escopo e feitas as orientações iniciais, cada grupo de autores se ocupou em focalizar um aspecto específico: espaço público, sociabilidades, intelectuais, modernização, políticas educacionais – temas estes que organizam os capítulos. A partir daí, a ideia consistiu em que cada um dos temas fosse examinado pelos responsáveis e da leitura crítica ficasse evidenciado o real momento do grupo de pesquisa. Mais do que dar a ver as produções, o que instigou os autores desta coletânea foi fazer um balanço das produções e daquilo que de fato os mobilizou enquanto grupo, para, assim, se perceber aquilo que falta em termos de escolha de objeto, de marco temporal, de referencial teórico e/ou metodológico, bem como a que tipo de fontes precisam se ater a fim de alcançar os objetivos encetados.

Os textos em sua versão preliminar foram lidos e discutidos por todos os pesquisadores envolvidos e por consultores externos, sendo, a partir disso, reescritos e aperfeiçoados. O resultado, que recebeu uma primeira mirada crítica no prefácio de Marcus Aurélio Taborda de Oliveira, que apresenta, inclusive, generosa e bem cuidada síntese de cada capítulo, revela uma série de descobertas e também uma gama significativa de ponderações que permitem investigações e diálogos futuros, não somente entre os próprios membros do grupo, mas com outros grupos formados em função de temáticas similares.

Assim se organizou o trabalho de análise cujos resultados são apresentados neste livro, quinto volume da coleção *Moderno, Modernidade e Modernização: a educação nos projetos de Brasil – séculos XIX e XX*. Postos em circulação, o que se espera é que sejam capazes de instigar o diálogo, sobretudo com outros pesquisadores interessados nas questões que os mobilizam.

Desse modo o grupo chega até aqui e, à medida que está se compondo e recompondo, ele também se autobiografa com o propósito de avançar a partir do próprio diagnóstico. Por certo, alguns temas, como a escolarização ou a história das instituições educativas, por exemplo, ainda carecem de análises mais detidas, o que não tem passado despercebido pela equipe de pesquisa. Mas abrem, certamente, caminho para que se possa trilhar novos rumos nas próximas etapas de investigação, o que se faz, sempre, coletivamente. E, por isso, convidamos os leitores a partilharem do mesmo propósito, fazendo avançar a compreensão que temos sobre o Brasil, como projeto.

Prefácio

Dos dispositivos da (auto)crítica: compartilhando uma trajetória de viagens

Marcus Aurelio Taborda de Oliveira

Os textos que compõem este livro constituem uma espécie de síntese ou balanço do que vem sendo produzido pelo Programa de Pesquisa intitulado *Moderno, Modernidade e Modernização: a educação nos projetos de Brasil – séculos XIX e XX.* Mitigando os riscos de um tom laudatório que esse tipo de produção encerra, o conjunto dá a ver os esforços do grupo de pesquisa para contribuir com a construção de uma interpretação do Brasil que tenha como fulcro a educação. Guardadas as proporções, a iniciativa faz lembrar o estimulante projeto de Silviano Santiago, *Intérpretes do Brasil*, a despeito de aquele ser mais pretensioso e de muito mais largo alcance. Assim, deve-se enaltecer a disposição do grupo para pensar a sua própria produção e expô-la ao crivo do público leitor, algo não muito comum no universo acadêmico brasileiro, que costuma se proteger do livre debate entre pares. Poderíamos objetar que o livro ganharia densidade se os autores fossem convidados externos à dinâmica do projeto que lhe dá sustentação. Mas esse seria outro projeto e se perderia a chance de autocrítica, logo, de redefinição dos parâmetros que nortearam a iniciativa original.

Baseados em um mesmo protocolo comum de pesquisa, aparentemente há um certo desequilíbrio na maneira de conduzir a crítica da produção da equipe. Mas isso não prejudica a qualidade da argumentação, na medida em que os autores dos capítulos não apenas apresentam aquela produção, mas vão além e propõem relevantes reflexões para o que poderia ser uma teoria da educação brasileira de corte histórico-sociológico. Assim, os textos se unificam pelo mapeamento e pela interrogação de alguns temas chave para a compreensão do que foi e tem sido a educação no Brasil, o que dá o sentido de uma obra integrada, e não de um amontoado de textos dispersos, sem conexão entre eles, que tem sido a tônica das obras "coletivas" que são produzidas aos borbotões. O leitor não familiarizado com os pressupostos do Programa de Pesquisa terá, aqui, uma súmula estimulante de alguns dos temas por ele desenvolvidos. Aqueles que minimamente acompanham a sua trajetória, poderão fazer eco a todo tipo de crítica que uma iniciativa como esta costuma reclamar.

Se o propósito do livro é dimensionar a produção do grupo, como leitor observei uma tentativa de dialogar com outros grupos ocupados com temática similar. No entanto, falta uma discussão "para fora" do Programa de Pesquisa, de modo a enfrentar o debate e contribuir de maneira mais propositiva para que o campo da História da Educação possa ser pensado por contraste, o que nos ajudaria a nos desalojar de nossos lugares de conforto, protegidos das críticas que, afinal, movem o conhecimento. Embora seja justificável a opção das organizadoras e dos autores, uma discussão global mais ampla sobre o tema de cada capítulo com o campo daria mais densidade aos achados do projeto, inclusive no que se refere à pretensão de reflexão teórica original. Por exemplo, outros grupos/pesquisadores vêm se dedicando à história intelectual ou dos intelectuais no Brasil, às vezes com premissas similares, outras em chaves diversas daquelas aqui apresentadas. Seria enriquecedor para o grupo, para aqueles que estudam os temas aqui tratados e, sobretudo, para o campo da História da Educação, que as suas reflexões transbordassem os seus limites e se deparassem com aquilo que tem sido um dos temas mais frequentados do campo há algumas décadas.

O texto que abre o livro, autoria de Cleide Maciel, Luciano Mendes de Faria Filho e Marcus Vinicius Corrêa Carvalho, perscruta a ocorrência das noções de *público* e de *sociabilidade* na produção do grupo, dividindo em três partes as suas análises: a primeira tratando da noção de "público", a segunda relacionada à "sociabilidade", e a última formulando questões instigantes sobre algumas ausências na historiografia da educação. Primeiramente, reiteram a percepção difundida em outros trabalhos para os quais público e estatal foram gradativamente embaralhados no pensamento social brasileiro, logo, também no campo pedagógico. Inventariam a produção do grupo sobre esse par teórico, mostrando uma certa elasticidade no uso do termo pelos seus integrantes, os quais parecem mais afeitos às teorizações de Jürgen Habermas e Hannah Arendt. Aspecto a ser destacado na sua preocupação é a tentativa de deslindar aquele embaralhamento, sinalizando como nem tudo que se configura como público pode ser confundido com o âmbito estatal, por exemplo, a escola brasileira ou os movimentos sociais.

A redução do público ao estatal, penso, talvez seja um dos indicadores mais precisos da perspectiva centralista, quiçá, autoritária, que demarca as relações de poder neste país. Nessa direção, a noção de sociabilidade também implica reconhecer os múltiplos pertencimentos daqueles que se movem na cena pública, aí incluída a órbita estatal, mas não a ela reduzida. Ao atuar na arena pública das mais diversas maneiras, seja por dentro do aparelho do Estado, seja pela presença constante na imprensa, a figura do intelectual deve nos suscitar preocupações com uma ampla gama de possibilidades de inter-relacionamento, nos quais os indivíduos intercambiam as suas orientações subjetivas, na medida em que são interpelados pelas distintas redes das quais fazem parte. Logo, não existe o sujeito intelectual independente da sua conformação subjetiva (familiar, de formação, agência social), em relação inextricável com a sua ação no espaço público (como formulador de ideias, agenciador de projetos de país, balizador de debates de largo alcance e, eventualmente, efeito).

A análise produzida pelos autores possibilita sugerir os limites operativos de qualquer noção teórica quando ela se torna excessivamente elástica. Em um exercício profícuo de autocrítica o capítulo parece sugerir, ainda, que a noção de sociabilidade pode definir pouco em termos de precisão, e muito em termos de possibilidade, logo, perde potência heurística e se torna quase uma obviedade. Em relação à noção de público, o texto é mais estimulante porque mostra a sua multivocalidade, possibilitando indagar, inclusive, a trajetória histórica da sua produção no pensamento social brasileiro. Certamente essa é uma virtude do texto, uma vez que permite a crítica das operações do grupo de pesquisa e, embora não esteja no seu escopo, também das formas já consagradas dentro do campo, que frequentemente replica um certo senso comum disseminado por determinados autores ou grupos.

Talvez um dos aspectos mais estimulantes do texto seja o seu fecho, quando os autores diagnosticam a ausência das dimensões do gênero e da raça nos estudos do próprio grupo. A pergunta que suscita, entre tantas outras, é se as ferramentas produzidas em contextos majoritariamente masculinos e brancos, da órbita eurocêntrica, que vêm norteando os trabalhos do grupo, poderia permitir o contrário. Daí se pode indagar a ausência de reflexões feitas por intelectuais latino-americanos, por exemplo, ou do eixo Sul-Sul, para indagar o lugar do público e da sociabilidade na História da Educação. O mesmo poderia ser observado em relação a uma tendência de apagamento das mulheres e dos grupos étnico-raciais que flutuam e flutuaram à margem dos centros de poder, e foram esquecidos ou secundarizados justamente por práticas culturais e políticas que definiram o lugar do público como necessariamente estatal, e as sociabilidades apenas em termos de pertencimento a redes de poder que disputam o espaço público. Para ambos os casos, o exercício de autoanálise a que se propôs o texto desvela o quanto a História da Educação no Brasil tem se contentado com mais do mesmo. Ou seja, talvez mais do que inovar, o grupo esteja assentado sobre uma confortável perspectiva de reiteração de determinados cânones, em vez de lançar-se ao escrutínio de novos problemas, mobilizando ferramentas teóricas alternativas e suportes documentais diversos. Sobre isso ponderam, inclusive, Juliana Hamdan e Raylane Barreto no capítulo por elas produzido.

Na sequência, somos brindados com um estimulante exercício de análise sócio-histórica sobre os sentidos da modernização, noção também multivocal. Segundo o meu entendimento, este é o capítulo com o melhor percurso "do geral para o particular" no que se refere à História da Educação. Isso porque as autoras Rosana Areal de Carvalho, Maria das Dores Daros e Ione Ribeiro Valle partem de uma reflexão teórica que transborda o projeto, assumindo um caminho interpretativo estimulante e complexo, não isento de riscos. Desde essa escolha chegam aos textos dos resultados das pesquisas do projeto para com eles dialogar. Particularmente, julgo estimulante a articulação de duas temporalidades em registros disciplinares distintos, a História e as Ciências Sociais. Isso diz muito dos caminhos que o grupo vem percorrendo. O texto suscita questões, algumas delas postas pela historiografia, mas outras em aberto. Por exemplo, as interpretações de corte sociológico que o Brasil desenvolve a partir dos anos 1940, podem ser caracterizadas como economicistas e cientificistas, no sentido ideológico do termo? Por que as Ciências Sociais são a pedra de toque do pensamento social, por exemplo, e a História é quase muda em relação aos grandes dilemas nacionais? A opção diacrônica das autoras possibilita atualizar essas questões. As suas respostas podem ser de grande utilidade para a crítica à historiografia da educação, que congelou certas representações apaziguadoras.

As autoras não assumem, como é comum ainda hoje e foi no passado, uma retórica grandiloquente sobre o desenvolvimento ou as teorias desenvolvimentistas. Antes, mostram como podem ser pensados projetos modernizadores concorrentes na história social brasileira, nos quais o tema da educação também estava ancorado. Fazem isso percorrendo o deslocamento de uma noção de progresso àquelas de desenvolvimento, mostrando como do planejamento se pretendeu passar para a ação no âmbito das intervenções estatais pela via da educação. A retórica do atraso, tão cara às elites nacionais, foi enfrentada com uma verdadeira sanha ordenadora e intervencionista, que ajudou a sedimentar o entendimento de que o público é, no limite, o estatal. Isso não se fez por declaração de intenções, mas pelo investimento pesado e sustentado em um tipo de pensamento com forte ancoragem nas Ciências Sociais, que buscava interlocução com experiências exitosas de outros países, frequentemente tratados como "mais desenvolvidos".

Penso que o texto faz pensar, ainda, no seu exercício diacrônico não linear ou causal, no anacronismo do uso de determinados conceitos pelo projeto (escola, por exemplo), se configurando como uma boa crítica interna da sua produção. Nesse sentido, se considerarmos a almejada "modernidade escolar" do século XIX, que antecipava os rumos do país do futuro no espectro dos países desenvolvidos e modernos, o texto sugere que tal modernidade pode ser capturada como processo, como fato e como retórica. Ao observar que a escola perdeu a centralidade que lhe era conferida nos projetos de Brasil do Novecentos e das primeiras décadas do século XX, parece ter se esvaziado o seu sentido de agência de formação plena. Assim, reafirma a impressão de que o país se modernizou a despeito da escola pública, configurando um tipo de modernização econômica que ajudou a produzir um entendimento de que a educação e a escola são de pouca valia para os obtusos e limitados interesses da economia. Talvez isso ajude a explicar a presença do tema educação em toda e qualquer retórica da política e da economia ao longo da história brasileira, sem que essas retóricas tenham se convertido em ato, ação, prática. Logo, contra toda ênfase na escola como redentora das nossas maiores e piores mazelas, ela parece ter se convertido em um adereço retórico no léxico político do país. O país do futuro aconteceu no palco econômico – afinal, essa é uma das maiores e mais ricas economias do planeta, com uma massa salarial das mais aviltantes! – e a escola teria adormecido no propalado esplendor do seu passado. Uma grande provocação para os historiadores da educação, em especial, aqueles que se ocupam da história da escola.

Em contrapartida, o texto seguinte, de Juliana Cesário Hamdan e Raylane Navarro Barreto, prima pelo cuidado no ordenamento das informações que permitiram dar visibilidade aos trabalhos sobre "intelectuais brasileiros" no conjunto da produção do grupo de pesquisa. Utilizando ferramentas que tornam claras as opções dos pesquisadores, oferecem um importante exemplo de como tratar com rigor dados de pesquisa. Esses dados são indagados com base em elementos historiográficos precisos, o que dá ao texto uma objetividade aliada à densidade empírica. Chamei essa iniciativa de uma tentativa de produção de algum tipo de ordenação, de "taxionomia". Isso esclarece o leitor ao dar visibilidade às opções do grupo e das autoras.

Também julgo importante no texto a preocupação com o léxico, com os conceitos e a sua história. Muitos dos capítulos do livro, aliás, mostram que essa parece não ser uma preocupação do grupo. Mesmo reconhecendo a plasticidade dos conceitos históricos, e o risco das modas acadêmicas perniciosas, a organização das autoras dá visibilidade às formas como um grupo de pesquisa específico mobiliza o léxico, seja pelas fontes (o ideal, penso), seja pela historiografia. Além disso o texto percorre e propõe boas questões teóricas para a continuidade dos trabalhos, embora pudesse arriscar mais em dar consequência a elas. Mas aí, talvez, fosse outro o resultado. O seu papel de diagnóstico de uma forma de produzir conhecimento histórico sobre os intelectuais vale como uma grande contribuição até mesmo metodológica. Ainda nessa direção, a forma de triangular citação/empiria/autoria é uma significativa contribuição, sobretudo para pesquisadores em formação.

Ao tratar as várias formas de abordar o intelectual brasileiro, relacionando a produção do grupo em relação à tipologia das fontes e dos diversos referenciais teóricos, as autoras observam que o mesmo os considera "... em maior ou menor medida, como produtores de conhecimentos, técnicos do saber humano, mediadores de conflito, criadores, mediadores e engajadores." Mas não se contentam com esse "fundo comum" (ou seria um "lugar-comum"?). Antes, indagam as correspondências possíveis entre os intelectuais brasileiros com aqueles de outros países. O que caracterizaria o intelectual tipicamente brasileiro? Pensar essa possibilidade não significaria limitar o entendimento do que seria um intelectual? As autoras arriscam a afirmar contra a generalização ao propor "tipos intelectuais" historicamente contingentes, marcados pelos problemas de cada época, não necessariamente com caráter universalista. Porém, sem serem caracterizados como entes que pairam acima dos problemas humanos mais comuns. O texto acaba por reencarnar os intelectuais em sua práxis histórica, contrapondo-se às tendências que os concebem como homens e mulheres mônadas, atentos apenas aos dilemas da sua própria existência individual, e também como representantes de determinados grupos sociais autorreferenciados. Bela provocação!

Ao procurar contribuir para a construção de uma "teoria da intelectualidade brasileira", as autoras mobilizam um conjunto de argumentos que fazem pensar não apenas os integrantes do seu grupo de pesquisa mas também aqueles que se ocupam da história dos intelectuais nas suas relações com a educação. Embora a educação seja tema corrente na preocupação dos intelectuais, neste e em outros países, é difícil sustentar que eles sempre se ocuparam, ocupam e ocuparão do tema. Primeiramente, porque é possível pensar os problemas de uma sociedade de maneira fragmentária, podendo ou não a educação estar entre eles conforme o interesse de alguns intelectuais ou dos grupos que eles representam. Segundo, porque, como bem mostram Rosana, Maria das Dores e Ione, a educação perdeu muito da força que tinha nas retóricas pela modernização da sociedade brasileira até as décadas iniciais do século XX. Por fim, porque se tudo pode ser entendido como educação – e o simples ato de pensar a sociedade e os seus problemas, atributo preferido dos intelectuais, remete a este problemático entendimento – então, estudar intelectuais seria estudar, automaticamente, algum tipo de educação, o que não parece ser sustentável. Ou, se é o caso, seriam inócuos os esforços dos historiadores da educação para estudar os intelectuais como um interesse especializado. Simplesmente porque a especificidade do campo, e aquilo que lhe dá amálgama – a educação – se confundiria com a simples existência social dos intelectuais, algo que a produção do grupo, aqui analisada, parece não ser suficiente para sustentar. Logo, o texto instiga a pensar e a continuar pensando as relações entre intelectuais e educação não como algo óbvio, mas como algo a ser, inclusive, problematizado. De maneira que possamos evitar generalizações que mais confundiriam do que esclareceriam os termos daquela relação.

Nesse sentido vale o alerta feito por Matheus da Cruz e Zica e Ilka Miglio de Mesquita na sequência dos capítulos do livro. A categoria "intelectuais", se assim quisermos chamar, não pode ser tratada como um *a priori*, sob o risco de tornar aquela noção, e os sujeitos que ela designa, a-históricos. Criticando corajosamente o trabalho do grupo, os autores defendem que é preciso refinar constantemente, repensar e reelaborar as premissas e os seus pressupostos, e de todos aqueles que se ocupam da relação entre intelectuais e educação a partir de cada ambiência, de projetos diversos e antagônicos, que deem visibilidade aos muitos "Brasis" que orientam o pensamento do grupo de pesquisa. Hipostasiar a noção "intelectual" é perder a sua contingência e anular a potência dos estudos sobre o seu sentido para a cultura, a política e a sociedade. Logo, para a educação.

Atentos a esse imperativo, os autores propõem um mergulho minucioso na produção da equipe, destacando como cada autor situou a preocupação em relação ao par intelectuais/educação em bases historiográficas específicas, ainda que o grupo pareça ter balizas teóricas mais precisas. Assim, procuram localizar o lugar de produção dos intelectuais a partir de uma ampla gama de recursos culturais: "no debate e no embate público via imprensa; na produção de obras didáticas; nos discursos sobre o lugar da escola no desenvolvimento; nos centros e institutos de pesquisa; na docência e como autoridade da educação; na observação, acompanhamento e registros parlamentares; na escrita poligráfica e de interferência política; na atuação política; na diplomacia e no lugar de intérprete do Brasil; nas associações como espaço de exercício intelectual; na atuação de pensador social nos campos jurídico, político, jornalístico, docente." Os autores se mostram preocupados com o que chamam de "consenso generalizante" que nos leva ao afastamento das ideias desencarnadas. Nada mais alentador! Nessa perspectiva, questionam o quanto estariam dispostos os pesquisadores que se ocupam dos intelectuais a pensar na dimensão corporal, na materialidade que lhes dá suporte e na dimensão dialógica e inter-relacional que os produzem na esfera pública. É, afinal, de política que se trata! Com isso, ajudam a desmistificar o indivíduo intelectual, tal como já propusera Edward Said, inscrevendo-o redes de relações e capturando as lutas culturais nas quais estão inseridos. Isso ajudaria a desenvolver cautela em relação ao risco do anedótico, da "curiosidade histórica" ou da mera descrição de fontes que contribui para a produção de um tipo de memória que se aproxima daquela oficial, a qual não problematiza o passado, tampouco como ele ajuda a construir o presente. Para isso se faz importante a rigorosa contextualização de uma ambiência, de uma estrutura de sentimentos nas quais estão mergulhados os intelectuais, que não são agentes atemporais, onipresentes e onipotentes.

O livro é encerrado com o capítulo assinado por Vera Nogueira e Rita Lages, que trazem as políticas públicas educacionais como objeto central da sua reflexão, sempre no diálogo com a produção do grupo de pesquisa. Para tanto, optam por perscrutar a dimensão temporal dos estudos, elegendo três períodos privilegiados pela equipe, além de alguns elementos de ordem conceitual.

Mas quero destacar um problema que o diferencia dos demais. Trata-se do reconhecimento dos claros limites endógenos da discussão do grupo, ou do que as autoras chamam de *narcisismo investigativo*, apropriando um termo já corrente no campo pedagógico. Ao limitar as investigações ao diálogo com os colegas de equipe, não apenas se perde muito da potência do campo em relação ao que se produz, mas também se corre o risco de soar falsamente original. Nos dois casos corremos o risco de termos o conhecimento "cancelado" em relação aos seus possíveis avanços. Certamente este não tem sido um problema apenas deste grupo. Basta olhar as nossas principais revistas para observarmos que, normalmente, os autores citam os seus interlocutores como se estivessem na frente de um espelho ou em uma roda de amigos. Poucos se arriscam a dialogar com os antagonistas, e é louvável que as autoras do capítulo façam esse tipo de autocrítica que é, ao mesmo tempo, uma crítica aos procedimentos do campo.

Do ponto de vista do recorte do capítulo, resta a dúvida se não faltou uma melhor distinção entre o que são os estudos sobre políticas públicas e o que é a história daquelas políticas. Isso soa um pouco embaralhado no texto e, creio, pode produzir confusões mais que esclarecer. Porém, as autoras são hábeis em mostrar como isso também é um problema do campo. Estudiosos de políticas públicas que se aventuram como historiadores para legitimar os seus estudos; ou, historiadores que confundem a história de um tipo de problema com o próprio problema. Sim, e as autoras estão certas, esse é um dos muitos problemas do campo acadêmico, aí incluída a História da Educação. Mas aí é preciso aprofundar a crítica interna e perguntar pelos motivos que levaram o grupo a não enfrentar esse tipo de problema, se fechando sobre ele mesmo. Novamente, há muito que aprender com o exercício proposto neste livro...

Finalizo, na esteira das críticas formuladas por Rita Lages e Vera Nogueira, com uma observação geral sobre essa iniciativa editorial. A política, aqui, lamentavelmente, parece um pressuposto. Embora em diversos momentos os textos registrem a ocorrência da palavra política, pouco se pode depreender sobre o que ela significa para o grupo. É sinônimo de Estado? De conflito? De sociedade civil? O intelectual é, necessariamente, um ator político? Outros sujeitos não o seriam? Ou seja, considerando que todos os capítulos emergem de um mesmo esforço investigativo, e que em muitos momentos os seus autores são cuidadosos ao enfrentarem conceitos, léxico, discursos etc., sendo que "política" aparece como um alto grau de "naturalização", julgo que faz sentido indagar sobre os motivos dessa operação. Ou, talvez, negligência.

Em um país como o Brasil, em um momento no qual as bases da atuação política estão mais uma vez sob suspeição e risco, inquirir os sentidos da política como prática e como conceito parece urgente. Sobretudo em uma iniciativa que se incumbe de discutir os "projetos de Brasil" em perspectiva histórica. Afinal, os eventos recentes que nos têm afetado não são episódios novos ou inusitados na nossa história política, e estão anunciados há algumas décadas. Claro, bem sabemos que o campo acadêmico em geral, e os historiadores, em especial, aqui incluídos os que se ocupam da História da Educação, não são pródigos no enfrentamento de problemas de ordem política – mesmo como objeto de estudo – e este não é o melhor espaço para elencarmos os motivos para que isso seja assim. Também não se trata de colocar a produção acadêmica, incluída a dos historiadores, esquematicamente a serviço da política. Mas olhando a produção do grupo, aqui parcialmente expressa, e a sua disposição para a autocrítica, somos tentados a amplificar algumas críticas.

No que se refere à política, explicitar as suas escolhas é mais do que um detalhe metodológico. Penso ser, antes, um imperativo político, ao menos para justificar se e quando os intelectuais são, de fato, atores políticos que miram o espaço público, domínio do que é comum e não necessariamente formatado pelo Estado que, no Brasil, lhes deu todo tipo de guarida. Inclusive de maneira a protegê-los dos problemas da vida ordinária, da gente comum, de modo a permitir, como consequência, a apostasia ou o simples afastamento da política. Em um país com forte concentração da produção científica no âmbito dos organizamos estatais, como as universidades e alguns centros de pesquisa, soa imperioso *pensar o que temos pensado*, como temos concebido a dimensão pública, o Estado, a política, de maneira a não contribuir para a voga da sua banalização como forma de atuação social.

As noções de público e de sociabilidades no programa de pesquisa "Moderno, Modernidade, Modernização": um inventário inicial

Cleide Maria Maciel de Melo
Luciano Mendes de Faria Filho
Marcus Vinicius Corrêa Carvalho

INTRODUÇÃO

Todos sabemos que só é possível falar sobre o processo de um trabalho quando ele se completa, ou seja, está pronto, realizado. Nesse sentido, a tarefa de construção deste texto, foi de difícil delimitação. Em princípio, seguindo as orientações para o trabalho coletivo estabelecidas e sistematizadas pelas organizadoras deste livro, consideramos analisar as noções de espaço público, sociabilidades, pensamento social e pensamento histórico na produção acadêmica do Programa de Pesquisa do qual fazemos parte. Produção que veio à luz nos quatro volumes intitulados *Moderno, Modernidade e Modernização: a educação nos projetos de Brasil – séculos XIX e XX*, publicados na Série Estudos Históricos da Coleção Pensar a Educação, Pensar o Brasil, pela Editora Mazza.

No entanto, dadas as vicissitudes da vida pessoal e acadêmica dos autores, tivemos de reduzir o escopo da proposta de modo a torná-la factível dentro do tempo e da disponibilidade de que dispúnhamos. Foram idas e vindas aos textos escopo de análise; arranjos e rearranjos, leituras, críticas e reescritas diversas deste nosso texto. Ao final, o exercício foi mapear as formas de uso e de mobilização das noções de público e de sociabilidade que aparecem na produção analisada. Do trabalho resultou, além deste ensaio, a consciência da riqueza e da diversidade da produção do grupo, bem como uma clareza da necessidade de aprofundamento coletivo sobre determinados aspectos das pesquisas realizadas ou em curso.

Os 52 textos publicados nos referidos volumes constituíram, então, nossas "fontes" de pesquisa para este trabalho. A seleção dos textos que integraram nosso *corpus* beneficiou-se dos recursos da informática, mas, fundamentalmente, é tributária da nossa leitura compreensiva, procedimento que marcou todas as etapas do trabalho. O desafio de produzir análises consistentes/significativas e de elaborar um texto que fosse a expressão do nosso pensamento e diálogo, levou-nos ao extenuante mas compensador exercício da reescrita, como já afirmamos. Nesse sentido, estabelecemos algumas questões como "norte": Na produção de nossas pesquisas, como nos apropriamos das noções de público e de sociabilidades? Que sentidos esses usos revelam? Que diálogos teórico-metodológicos estabelecemos com elas? E a pergunta final, que justificaria essas noções: Qual a relação entre público e sociabilidades, tal como temos abordado em nossas pesquisas?

O texto que ora apresentamos está, assim, organizado em três partes. Na primeira, inventariamos e analisamos as formas como a noção de público e suas derivações (escola pública, espaço público etc.) são mobilizadas nos capítulos dos livros analisados. Em seguida, na segunda parte, fazemos o mesmo movimento para a noção de sociabilidade. Na conclusão, apresentamos nossa compreensão sobre as relações entre as duas noções, bem como destacamos outros objetos/temas que poderão ampliar nossos estudos.

O *PÚBLICO* DA EDUCAÇÃO PÚBLICA: UM INVENTÁRIO DE NOSSAS PESQUISAS

Uma das dimensões fundamentais do Programa de Pesquisa que desenvolvemos é aquela articulada pela noção de público. O termo "público", polissêmico por natureza, tem designado em nossa produção, de um modo geral, um conjunto expressivo de situações ou instituições. Em uma primeira aproximação, público é empregado como sinônimo de estatal, sendo adjetivo que qualifica vários substantivos de uso corrente nos textos, tais como escola pública, instrução pública, aulas públicas, ensino público, instituições públicas, funcionário público, orçamento público, despesas públicas, políticas públicas e, até mesmo, ação pública e negócios públicos, entre outros.

Um outro sentido de público aparece quando os textos tratam da escola pública (ou educação pública) como aquela instituição que se contrapõe à educação doméstica ou ao ensino e aprendizado que ocorrem no mundo privado da casa. A escola pública, nesse sentido, possibilitaria a saída das novas gerações do ambiente familiar, do mundo privado, para se confrontarem com os *outros* no espaço público.

No entanto, ainda no avançado início do século XX, em boa parte do país, era muito comum a escola pública funcionar na casa do professor. Foi contra isso que, simbolicamente, investiu a República ao criar os grupos escolares, por exemplo. Tornar a escola pública, de fato, seria retirá-la das referências e materialidades do mundo doméstico da casa do professor ou da professora.

Há, ainda, outro sentido proposto para a noção de escola pública: aquele que se contrapõe à escola privada, organizações criadas por indivíduos ou grupos e que funcionavam sob a lógica do negócio, isto é, da empresa de educação. Escola pública, nesse sentido, é aquela que não visa o lucro, mesmo que, como em boa parte do século XIX, não seja gratuita.

No que se refere às distinções explicitadas, é preciso duvidar da redução do público ao estatal, já que esta não manifesta a única possibilidade interpretativa da palavra. Ao tratar da questão do espaço público em um dos textos publicados pelo Programa de Pesquisa, Marcus A. Taborda de Oliveira alerta-nos:

> O espaço público não se confunde com a sua dimensão estatal. É da tradição do pensamento social brasileiro reivindicar que aquilo que é público estivesse fundamentalmente radicado no âmbito do Estado, sobretudo pela necessidade de financiamento e ordenamento. Não foi diferente com a educação, sobretudo a escolar, e é reconhecida a presença de diferentes intelectuais em diferentes postos do Estado, ao longo do engendramento do Brasil como nação independente. Ainda é preciso fazer um inventário mais pormenorizado dessas relações no âmbito educacional. (TABORDA DE OLIVEIRA, 2014, p. 44, nota 4)

Conforme observam Faria Filho e Inácio (2013), a sinonímia entre estatal e público, no campo da educação, foi uma lenta construção que atravessou todo o século XIX. Nos movimentos que disputavam os sentidos da educação no espaço público no Brasil recém-independente, havia aqueles que acreditavam que a educação pública era aquela que atendesse ao "povo" e fosse gratuita, independentemente de ser estatal ou não. Certamente, essa temática, ainda hoje, é objeto de debates no interior dos movimentos sociais, notadamente do Movimento dos Trabalhadores Rurais Sem-Terra, por exemplo.

Fora de sua estreita relação com a institucionalidade estatal, outro uso consagrado e substantivado de público nos textos analisados é aquele que aparece em sua articulação com espaço público, cena pública ou esfera pública como arena de controvérsias, debates, discussões, sociabilidade. Visto dessa maneira, público seria, por excelência, o reino da política e se contrapõe ao mundo privado (*oikós*). Em nossos textos, de um modo geral, espaço público, cena pública e esfera pública são tomados quase como sinônimos, não havendo, de um modo geral, a preocupação de definir cada um dos termos ou de fazer uma reflexão mais apurada de suas origens.[1]

Na apresentação do primeiro volume da série *Moderno, Modernidade e Modernização:* a educação nos projetos de Brasil (doravante MMM), já aparece essa sinonímia:

> Este livro se endereça não só ao público interessado em História da Educação mas também a todos aqueles que consideram impossível pensar a constituição do *espaço público* no Brasil sem antes realizar uma reflexão refinada sobre as diversas práticas e discursos que perpassaram a temática da Educação Pública nas diferentes conjunturas históricas de nossa trajetória nacional.
> Conforme o título sugere, nessas pesquisas procuramos "fazer avançar a elaboração de uma teoria sobre o lugar da intelectualidade brasileira na construção da *esfera pública* e produzir entendimentos sobre as noções de moderno, modernidade e modernização, presentes nesses projetos", como se afirmava no projeto de pesquisa. Acompanhando tais noções em recorte de longa duração, empreendemos ainda um esforço de produzir conhecimento sobre as articulações e desdobramentos da relação intelectuais e educação. (GIL; ZICCA; FARIA FILHO, 2012, p. 7; grifos dos autores)

De um modo geral, há o reconhecimento da filiação teórica do termo "esfera pública" às produções de Jürgen Habermas, mas o seu uso nos trabalhos publicados não se faz com critério estrito ao significado emprestado da obra do filósofo e sociólogo alemão. Muito pelo contrário, a sua mobilização se faz de maneira muito livre, sem lastro teórico explícito e para designar o mesmo que espaço público, como se nota acima, ou cena pública. Esta última expressão aparece, entre outros, no trabalho

---

[1] A explicitação dessas tradições de tratamento da noção de espaço público, suas aproximações e distanciamentos, bem como a síntese do modo como as mesmas informam as pesquisas que vêm sendo realizadas, está em curso e aparecerá em breve nas produções do grupo.

de Raquel de Abreu, publicado no primeiro volume do *MMM*. Segundo a autora, ao analisar obras de Monteiro Lobato e de Lourenço Filho,

> mesmo não compondo uma unicidade em suas falas e ações, a trajetória de ambos está marcada pelos discursos proferidos na cena pública, em que as questões em torno das instituições nacionais, da educação, população e desenvolvimento da nação constituem o cerne do debate. (ABREU, 2012, p. 116)

A mobilização da expressão cena pública ultrapassa os participantes do Programa de Pesquisa e é utilizado pelos próprios consultores quando fazem a apresentação do segundo volume do *MMM*. Segundo eles:

> A exploração dos significados e usos associados aos termos moderno, modernidade e modernização remete as análises presentes na obra a lugares de fronteira entre a história, a sociologia, a política e a educação. Desse modo, o discurso educacional passa por um minucioso exame, a partir de termos que se tornaram frequentes na retórica da intelectualidade engajada na cena pública nos séculos XIX e XX. (BONTEMPI JR; VIEIRA; SIMÕES, 2014, p. 8)

O espaço público é, portanto, um espaço simbólico que se constitui pela ação política de homens e mulheres que se engajam no debate dos problemas sociais e de suas respectivas soluções. É lugar onde se constitui uma ética do público, contraposta ao âmbito do código de conduta no mundo privado:

> Como importa destacar, público "significa, em primeiro lugar, que tudo o que vem a público pode ser visto e ouvido por todos e tem a maior divulgação possível".[2] Por outro lado, o "mundo público", que num "segundo momento significa também o mundo que nos é comum", se constitui uma vez que "definimos também o que não cabe dentro dele", ou seja, "o espaço do que é privado", o espaço daquilo que "faz parte de uma esfera da vida que não é suficiente para demarcar nossa especificidade como seres humanos": a "esfera da casa, da privacidade, dos pequenos hábitos", "sem significado

---

[2] Hannah Arendt, *apud* BIGNOTTO, Newton. Entre o público e o privado: aspectos do debate ético contemporâneo. In: DOMINGUES, Ivan; MARGUTTI, Paulo; DUARTE, RODRIGO (Org.). *Ética, política e cultura*. Belo Horizonte: Ed. UFMG, 2002.

para a criação do espaço no qual atingimos nossa plenitude enquanto seres humanos".[3] (CARVALHO, 2016, p. 90)

E continua o autor:

> Logo, torna-se imprescindível lembrar que um discurso ético faz sentido para uma sociedade na medida em que ele for capaz de sinalizar normas e limites que sejam respeitados por seus membros na condição de integrantes de um todo político. Não sendo, portanto, razoável pensar em "ética de um tal grupo" e/ou indivíduo – que seria, quando muito, um código de honra. Desse modo, "ética demanda a constituição de um espaço público", implicando na disputa das fronteiras que delimitam este espaço e dos critérios de pertencimento a ele. O valor precípuo do espaço público, então, se deve por ser ele "o lugar por excelência do desenvolvimento ético".[4] (CARVALHO, 2016, p. 90)

O espaço público é, por excelência, em praticamente todos os textos, o lugar físico e simbólico estabelecido pela imprensa ou para a imprensa.

> Podendo ser considerada como um meio privilegiado para o debate público de questões sociais e políticas, no século XIX, a imprensa passou a ser mencionada como o meio eficiente e poderoso para que os intelectuais evidenciassem suas ideias e seus ideais.[5] (PACHECO, 2012, p. 102)

Não é por acaso que expressões como "dar publicidade", "vir a público" e "publicar" são amplamente disseminadas no conjunto dos textos.

> Daí que a imprensa, em especial – note-se a sua apologia do prelo! – e o jornalismo, em particular, seriam para ele [Rocha Pombo] dois elementos constituidores da possibilidade de intervenção do intelectual sobre um universo de problemas afeitos à esfera pública. (TABORDA DE OLIVEIRA, 2014, p. 44)

---

[3] Citando BIGNOTTO, *op. cit.*

[4] Citando BIGNOTTO, *op. cit.*

[5] Citando VIEIRA, Carlos Eduardo. Jornal diário como fonte e como tema para a pesquisa em História da Educação: um estudo da relação entre imprensa, intelectuais e modernidade nos anos de 1920. In: OLIVEIRA, Marcus Aurélio Taborda de. *Cinco estudos em história e historiografia da educação.* Belo Horizonte: Autêntica, 2007. p. 11- 40.

Espaço público é também o lugar de expressão da opinião que se dá a ver e/ ou ouvir por todos, que se forma e se constitui justamente pelo engajamento dos diversos sujeitos que decidem participar do debate público. Marcus V. C. Carvalho, referindo-se aos séculos XVII e XVIII, afirma:

> Emerge, então, uma opinião pública polida e informada, contraposta, em parte, às imposições arbitrárias da autocracia, que dá azo à utilização de um poder social em que o privilégio e a tradição, supostamente, não conferem aos indivíduos o direito de falar e de julgar. O direito à fala e ao juízo, no espaço público assim delimitado, era conferido pela intensidade com que os indivíduos fossem capazes de se constituir como sujeitos discursantes ao compartilhar a pretensão de consenso da razão universal. Ainda que, a seu modo, as normas da razão guardassem pretensão absoluta, elas e seus postulantes se voltam contra a autoridade aristocrática em nome do "bom senso" e da "razão judiciosa".[6] (CARVALHO, 2012, p. 21-22)

Nessa perspectiva, mais uma vez, espaço público, cena pública ou esfera pública é o lugar de coletivos. Mesmo quando se estuda a trajetória ou a atuação de indivíduos, notadamente os intelectuais, estes são compreendidos em suas relações, em suas redes de sociabilidades e em suas ancoragens institucionais. O espaço público é, também, o lugar de atuação do sujeito político que, em boa parte dos textos, é compreendido a partir da figura emblemática do intelectual.

> Said defende que o intelectual é necessariamente um indivíduo com um papel público na sociedade, que é dotado da vocação de articular uma mensagem, um ponto de vista, uma filosofia ou opinião *para* e *por* um público específico. Ele tem a função de levantar questões publicamente e confrontar ideias, representar pessoas e problemas que são esquecidos ou deixados em segundo plano. O intelectual pretenderia alterar mentalidades e agiria com base em princípios universais: "que todos os seres humanos têm direito de contar com padrões de comportamento decentes quanto à liberdade e à justiça da parte dos poderes ou nações do mundo, e que as violações deliberadas desses padrões têm de ser denunciadas e combatidas".[7] (DRUMMOND; TABORDA DE OLIVEIRA, 2015, p. 210-211)

---

[6] Citando EAGLETON, Terry. *A função crítica*. São Paulo: Martins Fontes, 1991. Livro que apresenta crítica considerável à abordagem de Habermas sobre a "esfera pública".

[7] Citando SAID, Edward. *Representações do intelectual*: as conferências Reith de 1993. São Paulo: Companhia das Letras, 2005.

Professor, panfletário, jornalista, redator, editor, colunista, articulista, artista, escritor, administrador público... os sujeitos se constituem como intelectuais quando assumem a "missão" de vir a público debater, sobretudo por meio da imprensa, mas não apenas, as questões que afetam a coletivos e cujo enfrentamento depende da constituição e do convencimento da opinião pública. Nesse sentido, não existiria intelectual sem atuação no espaço público, na cena pública ou na esfera pública.

> Partilhamos das indicações de Vieira (2007a; 2007b),[8] caracterizando Moreira como um *intelectual*, cujo comportamento como homem público revela quatro características marcantes: a primeira se refere ao sentimento de pertencimento que Moreira tinha a um determinado estrato ou grupo social, constituindo-se como *técnico especializado* nos estudos do campo da educação, com uma produção e atuação que sempre tiveram como foco a organização do ensino e da educação nacional, articulado com os principais intelectuais preocupados com essa temática; a segunda característica se refere ao seu sentimento de *missão social*, procurando ele se colocar como um intelectual preocupado com a reorganização da sociedade, como um agente incentivador e participante dos principais encaminhamentos educacionais; já a terceira característica se remete ao seu entendimento de que seria principalmente por meio da educação, tomada como questão central para o êxito do *projeto moderno de reforma social*, que os problemas sociais seriam sanados; e por último, o fato de entender o Estado como agente político na efetivação do projeto moderno de reforma social. (DANIEL, 2015, p. 118, nota 3)

Finalmente, cabe lembrar que o termo público é utilizado no conjunto dos textos também para designar os destinatários da ação daqueles que, no espaço público, trazem à luz pública problemas para os quais estabelecem as soluções. É o público leitor dos textos publicados; é o público da escola pública; é o público das leituras públicas. Agente passivo, "o público" é, sobretudo, aquele a quem, em última instância, se dirigem os intelectuais em suas ações pedagógicas de formação da opinião pública ou de reforma social, ou ainda, como é muito comum nos textos reunidos nos quatro volumes do *MMM*, a reforma da educação.

---

[8] VIEIRA, Carlos Eduardo. Intelectuais e o discurso da modernidade na I Conferência Nacional de Educação (Curitiba, 1927). In: BENCOSTA, Marcus Levy (Org.). *Culturas escolares, saberes e práticas educativas*: itinerários históricos. São Paulo: Cortez, 2007a.; VIEIRA, Carlos Eduardo. *Intelectuais, educação e modernidade*: da Escola Moderna ao Movimento pela Escola Nova (1900-1950). Fase 2. Curitiba: CNPq, 2007b. 24 f. Projeto em andamento.

> A Igreja Católica mantinha nacionalmente a revista *A Ordem* e estimulava a publicação de impressos regionais com o objetivo de orientar os católicos e simpatizantes. É interessante observar que as publicações católicas se consolidavam atendendo às indicações nacionais e contemplando as particularidades locais. Em alguns casos, o impresso católico é muito parecido com outros impressos, principalmente com os jornais diários. Considerando que a imprensa era o meio de comunicação de maior circulação no período, pode-se inferir uma disputa pelo público entre os jornais católicos e os outros. (LEON, 2014, p. 125)

Substantivo, como no caso acima, ou adjetivo, como na maior parte das vezes, a noção de público tem uma centralidade no léxico mobilizado pelos(as) pesquisadores(as) para falar do moderno, da modernidade e da modernização no Brasil, tendo como eixo a investigação sobre a educação. No que se refere aos debates e às relações que presidiram a constituição da educação como um tema em disputa nos projetos de Brasil, não por acaso foca-se muito o espaço público e, nele, as sociabilidades. É pois, dessa maneira, que a temática das sociabilidades aparece nos textos publicados pelo Programa de Pesquisa, conforme veremos a seguir.

AS *SOCIABILIDADES* NA PRODUÇÃO DO PROGRAMA DE PESQUISA

A temática das *sociabilidades* está posta desde a primeira versão do nosso projeto, em 2010. Assumida por apenas três trabalhos no volume 1, foi se ampliando, no decorrer das publicações, chegando a um total de 26 (vinte e seis) textos. A variedade de expressões em que essa noção está articulada, levou-nos à sua sistematização num quadro.

Quadro A – *Sociabilidade*: expressões registradas na produção escrita do grupo de pesquisa

Registros de *sociabilidade*	Freq[9]
Rede(s) de sociabilidade(s)	12
Sociabilidade(s)	8
Sociabilidade(s) intelectual(is); formas de sociabilidade intelectual	5
Espaços de sociabilidades; espaço comum de sociabilidade	4
Lugares de sociabilidade; local de sociabilidade	3
Formas de sociabilidade	2
Circuito de sociabilidade	1
Centro de sociabilidade	1
Estruturas de sociabilidade	1
Exigências da sociabilidade	1
Instinto de sociabilidade	1
Nova sociabilidade	1
Rede social	1

Fonte: GIL; ZICA; FARIA FILHO, 2012, v. 1; VALLE; HAMDAN; DAROS, 2014, v. 2; MESQUITA; BARRETO; NOGUEIRA, 2015, v. 3; CARVALHO; LAGES; GASPAR, 2016, v. 4.

A reflexão sobre as variantes léxicas que carregam consigo a palavra sociabilidade tornou possível a elaboração de uma primeira questão: A que se referem as diversas expressões de sociabilidades registradas em nossos trabalhos?

---

[9] As frequências não se referem ao número de incidência da expressão, mas à quantidade de trabalhos que a(s) registra(m). A soma não representa o total de trabalhos analisados (26), o que significa que um mesmo texto acolhe expressões distintas.

Um dos nossos referentes são os **sujeitos** que colocamos no centro das nossas investigações: os intelectuais, os políticos, os mediadores culturais. Assim, trazemos à cena as *redes de sociabilidade* do político Celso Ramos, governador de Santa Catarina no período de 1961 a 1965, época em que "tornou suas redes de sociabilidades mais complexas" (MELO, 2012, p. 168); as do intelectual Sílvio Coelho dos Santos, que precisou mobilizar diversos sujeitos para conseguir a liberação de seu livro apreendido pela polícia federal em 1969 (*ibidem*, p. 172); as do também intelectual Rocha Pombo, cujas publicações em jornais de Montevideu, leva o autor a supor sua participação em outras redes de sociabilidades, distintas da sua cidade natal (TABORDA DE OLIVEIRA, 2014, p 52); as de Aurélio Pires, sua participação numa rede de contatos e a influência da sua rede de sociabilidades na compreensão de si (PAULA, 2014, p. 174-175, 181);[10] e, ainda, as de Primitivo Moacyr, como condição para se compreender as escolhas que ele fez na elaboração de sua obra (CARVALHO,[11] 2014, p. 187; CARVALHO; MACHADO, 2016, p. 117-119).

Nos estudos sobre o intelectual Sud Mennucci, os autores justificam sua vinculação teórica a Jean-François Sirinelli (2003), apesar de afirmarem que as redes de sociabilidades "representam apenas mais um dos esforços de diversos pensadores que buscaram compreender as relações interpessoais dos sujeitos históricos" (FONSECA; ALVES, 2015, p. 187). Na referência aos intelectuais dos anos 1950, é destacada a importância de se levar em consideração o estudo de suas redes de sociabilidades (PEREIRA, 2014, p. 113). Por fim, em relação aos mediadores culturais, a compreensão de suas redes de sociabilidades é considerada condição para a identificação e o estudo desses sujeitos (LAGES, 2015, p. 135). Também trazemos à cena as *sociabilidades* do intelectual Tavares Bastos, enquanto pretensões de futuras pesquisas da autora Hamdan (2014, p. 151), e as de Tobias Barreto, necessárias à compreensão de sua atuação como intelectual (BARRETO, 2015, p. 24, 33). E ainda os políticos que ocuparam a presidência do governo de Minas Gerais e que "compartilharam um *espaço comum de sociabilidades* e de formação cultural" (NOGUEIRA, 2015, p. 174; grifo nosso). Destacamos, nesse conjunto, o trabalho sobre

---

[10] Além de destacar a importância da noção de *redes de sociabilidades* no estudo dos intelectuais, a autora usa também, no mesmo sentido, a noção de *circuito de sociabilidade*.

[11] Carvalho utiliza a expressão *rede social*. Na descrição que faz sobre essa rede, na trajetória de Primitivo Moacyr, a ela atribui o mesmo sentido de *rede de sociabilidade*.

Plínio Barreto (MESQUITA; SANTOS; SANTOS, 2016, p. 140), pois, ao tratarem das *sociabilidades* desse intelectual, os autores afirmam que ele, Plínio, se afastava dos modernistas. Essa é uma referência que ora denominamos como "abordagem negativa" da sociabilidade.[12]

Outro referente são as **instituições**, ora tomadas como *local e espaços de sociabilidades*, ora como instituidoras de uma *rede de sociabilidades*. Em seu trabalho, Leon (2014) afirma que, entre as estratégias de atuação da Igreja Católica, estaria o "fomento de espaços de sociabilidade específicos", que promovam a educação católica, como a escola. Destaca, ainda, outros espaços de sociabilidade mediados pela Igreja Católica, tais como o Círculo Operário, a Associação de Mães Cristãs, a Juventude Operária Cristã, as Associações Femininas, Associações de Moços e sindicatos (LEON, 2014, p. 126, 136). Outras instituições são o Centro de Professorado Paulista, considerado um "local de sociabilidade", e a Fazenda-Escola de Florestal, como um "centro de sociabilidade dos fazendeiros de Minas Gerais" (FONSECA; ALVES, 2015, p. 187, 194). Por fim, o Instituto de Estudos Brasileiros (IEB) que

> significou um duplo espaço de sociabilidade: aquele demarcado pelo exercício de funções em sua estrutura organizacional e no trabalho interno ao instituto; e na realização dos debates. Este traço de atuação do IEB caracteriza a especificidade de sua constituição como lugar de sociabilidade intelectual, que, por sua vez, guarda relação como o modo como a intelectualidade se insere nos debates do período através de espaços de sociabilidade como os institutos e associações (MACEDO; FARIA FILHO, 2016, p. 246).

Usamos, ainda, as *sociabilidades* para referentes relacionados a **ações e eventos**. Assim, as Conferências Internacionais de Instrução Pública (de 1946 a 1962) e a Conferência sobre Educação e Desenvolvimento Econômico e Social na América Latina (1962) são consideradas como redes de sociabilidades (DAROS, 2012, p. 201; 2016, p. 223). São espaços próprios de sociabilidades acionados para "promover a reforma dos costumes e do espírito da população pobre" (NOGUEIRA, 2016, p. 51), ou seja, com um sentido civilizatório, sentido este que também parece se aproximar

---

[12] Para Sirinelli (2003), tanto as aproximações quanto os afastamentos devem ser levados em consideração quando analisamos as sociabilidades.

daquilo que propõe Carvalho (CARVALHO, 2015, p. 255). Assim como o processo de urbanização que ocorre após a segunda metade do século XIX, relacionado às novas formas de sociabilidade que o viabilizou e que implicavam na "necessidade de maior iniciação das mulheres nos conhecimentos elementares da cultura erudita"[13] (PERIOTTO, 2016, p. 58). E a ação da filantropia como uma das formas de sociabilidade intelectual utilizada pelas "elites letradas para promoverem a criação de aulas ou de escolas noturnas." (NOGUEIRA, 2016, p. 45). Ou ainda o impacto do livro modificando as formas de sociabilidade[14] (LAGES, 2015, p. 135).

A análise desse primeiro exercício nos possibilita identificar os temas e objetos em torno dos quais temos articulado a noção de *sociabilidades*. Entretanto, não nos esclarece sobre seu significado. Via de regra, a sociabilidade é expressa sem uma vinculação teórica específica, ou ainda, sem um esclarecimento a respeito do sentido que lhe é atribuído, como se fosse autorreferente, ou como se já estivesse de tal modo tão integrada ao léxico do grupo que dispensaria qualquer explicação. Por outro lado, também poderíamos pensar que os estudos sobre *sociabilidades* demandariam um empreendimento específico, o que parece não ser o caso da maior parte dos textos contidos nos quatro livros analisados. Sobre isso, Carvalho e Machado (2016, p. 118) justificam:

> Não cabe neste texto toda a análise feita a priori sobre as redes de sociabilidade frequentadas por Moacyr. De forma resumida, mas não menos importante, consideramos o conhecimento social e a visibilidade possibilitados pelo cargo ocupado na Câmara Legislativa como fatores fundamentais na sua trajetória intelectual. O contato com sujeitos e espaços, eventos e associações, tornaram-no figura notável nas calçadas do Rio de Janeiro.

Diante dessa constatação, colocamos uma segunda pergunta que nos possibilita seguirmos com as análises: Nos trabalhos que apresentam vinculação teórico-metodológica justificadora do uso da noção de *sociabilidade*, que autores/obras são referenciados?

A primeira e maior referência, registrada nos quatro volumes da nossa coleção, é o texto de Jean-François Sirinelli (2003). Escrito com a finalidade de fazer uma reflexão sobre a história dos intelectuais – e tendo como referência os intelectuais fran-

---

[13] Citando ABRANTES, Elizabeth Sousa. *A educação feminina em São Luís no século XIX*. In: ANPUH – Simpósio Nacional de História, 22, João Pessoa, 2003.

[14] Citando CHARTIER, Roger. O mundo como representação. *Estudos Avançados*, v. 11, n. 5, 1991, p. 173-191.

ceses –, o autor propõe que se considere, nos estudos que envolvam intelectuais, três aspectos específicos, sendo um deles as *sociabilidades*.[15] Segundo Sirinelli, o simples fato de um intelectual circular ou ter circulado por um espaço comum a outros intelectuais, num tempo também comum, não faz deste um *espaço de sociabilidade*. É preciso investigar os contatos efetivos que esses personagens mantiveram entre si (*ibidem*, p. 249). O autor francês denomina "estruturas da sociabilidade esses lugares que foram definidos pela linguagem comum como 'redes'" (*ibidem*, p. 241; grifo do autor). Nesse sentido, ao longo de seu texto, sempre que emprega o termo "redes" o faz assim, entre aspas. Como exemplos de *sociabilidades* dos intelectuais franceses nos anos 1960/1970, cita as revistas, os manifestos e abaixo-assinados, justificando-os com argumentos distintos. Segundo Sirinelli, "as sociabilidades são mais difíceis de perceber do que parece" (*ibidem*, p. 248), "variam com a época e os subgrupos estudados" e, por isso, seria "aleatório esboçar uma tipologia" dessas estruturas (*ibidem*, p. 249). Entretanto, "é possível e necessário fazer sua arqueologia, inventariando as solidariedades de origem [idade, estudos] que constituem, muitas vezes as bases das 'redes' de intelectuais adultos." (*ibidem*, p. 250; grifo do autor). Mais ainda, as sociabilidades revestem-se de uma dupla acepção, ao mesmo tempo "redes", que estruturam o meio intelectual, e "microclima", que caracteriza um microcosmo intelectual particular (*ibidem*, p. 252-53). Por fim, referem-se ao "pequeno mundo estreito, onde laços se atam" no meio intelectual para os quais o peso da afetividade é significativo (*ibidem*, p. 248).

As referências a Sirinelli, explicitadas nos textos produzidos por nosso grupo de pesquisa, via de regra são apresentadas de um modo mais abrangente, numa alusão ao autor e à sua obra. Entretanto, alguns trabalhos detalham sua escolha. É o caso, por exemplo, do texto de Carvalho e Machado (2016). Após indicarem explicitamente a vinculação de seu trabalho sobre Primitivo Moacyr às recomendações de Sirinelli, afirmam, entre outras coisas, que "a noção de rede de sociabilidades indica um engajamento interessado na realização de um determinado projeto político cultural. Evidentemente, não retira da noção de sociabilidade o aspecto afetivo, mas faz com que este adquira, também, um sentido engajado nas redes de relações" (CARVALHO; MACHADO, 2016, p. 117). Outro exemplo, encontramos em Daros (2016). Na análise das redes de mecanismos internacionais como a Unesco e a Cepal, a autora considera que ações como as Conferências sobre Educação constituem "redes de sociabilidades, assim como indica Sirinelli para o caso das revistas,

[15] Os outros dois seriam estudos dos *itinerários* e das *gerações*.

'pelas posições tomadas, os debates suscitados e as cisões advindas [...], um lugar precioso para a análise do movimento das ideias'"[16] (DAROS, 2016, p. 223).[17]

A segunda referência é o trabalho de Ângela de Castro Gomes (1999, 2004). A pesquisa que estabeleceu diálogo mais estreito com sua obra foi a realizada por Macedo e Faria Filho (2016). Os autores captam dela o essencial apropriado pelo grupo. Ao estabelecer a vinculação com o trabalho de Castro Gomes, alguns aspectos de suas concepções foram explicitados:

> Tomamos de empréstimo as elaborações de Ângela de Castro Gomes para quem as abordagens das sociabilidades procuram "captar a ambiência sócio-político-cultural da cidade, para então mapear a dinâmica de articulação de seus vários grupos intelectuais reunidos em lugares de sociabilidade por eles legitimados, para o debate e a propagação de ideias, indissociáveis de formas de intervenção na sociedade."[18]
>
> Ainda segundo a autora, o estudioso das sociabilidades "concentra sua atenção na lógica de constituição de seus grupos, postulando interdependência entre formação de redes organizacionais e os tipos de sensibilidades aí desenvolvidos."[19] (MACEDO; FARIA FILHO, 2016. p. 249)

Na compreensão de Gomes, o uso da noção de *sociabilidades* pelo historiador tem a vantagem de "permitir uma aproximação das obras dos intelectuais, através do

---

[16] Citando SIRINELLI, 2003, p. 249.

[17] A respeito das apropriações do "pensamento" de Sirinelli gostaríamos de fazer uma observação. No que se refere à concepção de *sociabilidade* apresentada por Fonseca e Alves (2015, p. 186,187) como sendo de autoria de Sirinelli, conforme se pode constatar a seguir: "Para entender as ações do educador paulista [referindo-se a Sud Mennucci] no interior da teia social, nos apoiaremos nas formulações de Jean-François Sirinelli sobre a História Intelectual; tal emprego teórico se deu, principalmente, porque os apontamentos desse pesquisador colaboraram para a compreensão das relações, convivências e disputas entre sujeitos no meio social. Sua conceituação sobre *as redes de sociabilidade* [itálico dos autores] pode ser entendida como as 'Relações estruturadas em rede que falam de lugares mais ou menos formais de aprendizagem e de troca, de laços que se atam, de contatos e articulações fundamentais a noção de rede remete ao microcosmo particular de um grupo, no qual se estabelecem vínculos afetivos e se produz uma sensibilidade que se constitui marca desse grupo.' (SIRINELLI, 2003, p. 38)." Se essa conceituação de *sociabilidades* é, de fato, de Sirinelli, então trata-se de outra referência e não a que está registrada ao final da citação.

[18] Citando GOMES, 1999, p. 10.

[19] *Ibidem*, p. 11.

privilegiamento das condições sociais em que foram produzidas, enquanto constitutivas de um certo campo político-cultural" (GOMES, 1999, p. 10, *apud* MACEDO; FARIA FILHO, 2016, p. 249).

> Sendo mais precisa [...] [trata-se] do reconhecimento da existência de um campo intelectual com vinculações amplas, porém com uma autonomia relativa que precisa ser reconhecida e conhecida. Isto poderia ser alcançado com uma investigação que acompanhasse as trajetórias de indivíduos e grupos; que caracterizasse seus esforços de reunião e de demarcação de identidades em determinados momentos; e que associasse tais eventos às características estéticas e políticas de seus projetos. (*ibidem*)[20]

Sem dúvida, a temática dos intelectuais é o fio condutor dessas referências. Entretanto, como verificamos nas respostas à primeira questão, as sociabilidades analisadas em nossas pesquisas têm considerado outros objetos, tais como as instituições, as ações e os eventos, bem como outros sujeitos, tais como os políticos e os mediadores culturais. Na perspectiva das sociabilidades, tomadas como instrumento analítico, estaríamos, teoricamente, desenraizados? Para que ausências essas análises recém-construídas apontam? O que nos falta? Que vínculos teórico-metodológicos poderíamos/precisamos estabelecer entre História da Educação e sociabilidades? Por fim (e mais operacional), como tornar potente, em nossas pesquisas, a noção de sociabilidades, de modo a produzir conhecimento em História da Educação?

SOCIABILIDADES E HISTÓRIA DA EDUCAÇÃO: DIÁLOGOS

Considerada uma noção complexa, a *sociabilidade* remete à vida do homem em relação aos outros homens, como a própria etimologia da palavra deixa entrever. Segundo Silveira Bueno (1968), do latim *sociabilitatem*, sociabilidade significa "disposição natural para viver na sociedade, em companhia de outros. Significa, também, urbanidade, convivência social" (BUENO, 1968, p. 3.790). No dicionário Houaiss, é "característica do que é sociável, significa prazer de levar a vida em comum, inclina-

[20] Importante destacar que o trabalho de Carvalho e Machado (2016, p. 117-18) também acolhe as orientações de Ângela de Castro Gomes, com destaque para apropriações do mesmo teor.

ção a viver em companhia de outros, o mesmo que socialidade; quer dizer, ainda, domínio e exercício das regras da boa convivência, civilidade, afabilidade, urbanidade" (HOUAISS; VILLAR, 2007, p. 2.595). Encontramos a ampliação dos significados no dicionário analógico de Francisco Ferreira dos Santos Azevedo (2010, p. 429; grifo do autor), no qual *sociabilidade* pode ser vinculada a

> consociabilidade, camaradagem, espírito de classe, coleguismo, convívio, convivência, convivialidade, relação, tato, comunicação, jovialidade, intimidade, *savoir-vivre = a habilidade de saber viver socialmente*, festança, bulício, folguedo, contato, hospitalidade, [...] recepção cordial, cordialidade, alegria, urbanidade, afabilidade, civilidade, cortesia, fraternidade, fraternização, bom trato, frequentação, roda familiar, o remanso do lar, círculo de relações sociais, círculo social, sociedade, ambiente...

E muitas outras palavras, todas elas com sutis variações de sentidos, mas convergindo para um significado comum: o homem na convivência com outros homens, as relações sociais, a vida do homem em sociedade, a dimensão social da vida humana e outras expressões análogas, registradas nas áreas das ciências humanas e sociais.

O empenho de Maurice Agulhon (1992) no sentido de ocupar-se da noção de *sociabilidade*, 25 anos após tê-la utilizado, incluiu, também, a compreensão do léxico. Para ele, "la palabra 'sociabilidad'" traz um sufixo de fácil tradução: "es la cualidad de aquello que es 'sociable'" (AGULHON, 1992, p. 3; grifo do autor).

> Pero, ?qué significa ser sociable? La maioría de los diccionarios aplican el adjetivo a dos situaciones: la de la especie que vive en sociedad (como el hombre, pero también la abeja, o el elefante) y la situación del individuo, cuando éste es de fácil relación en lugar de tímido o retraído. (*ibidem* p. 3)

Segundo Agulhon, nenhum desses dois sentidos interessa ao historiador. Entretanto, o dicionário *Littré* apresenta "un sentido intermedio, despreciado o considerado menor en la lexicografia, pero que nos pone en la vía de su utilización histórica".[21] Esse dicionário apresenta três sentidos para *sociabilidade*: "disposición innata que lleva a los hombres y a muchos animales a vivir en sociedad, [...] manera propria

[21] Referência à lexicografia francesa.

del hombre de vivir en sociedad, [...] cualidad del hombre sociable" (*ibidem*, p. 3). O segundo sentido seria aquele que interessa aos estudos históricos.[22]

A apresentação desse ligeiro esboço sobre os sentidos de *sociabilidade* pode ser interessante, mas não resolve nosso problema: os desafios para lhe dar densidade analítica, resolver nossas questões da prática de pesquisa – que são, na verdade, de ordem teórica –, ainda permanecem. Assim, para a pergunta sobre como potencializar a noção de sociabilidade, pensamos/propomos duas possibilidades. A primeira seria a elaboração de uma "problemática das sociabilidades"; a segunda, o esboço de uma "hipótese" para uma teoria das sociabilidades em História da Educação.

A elaboração/concepção de uma problemática de pesquisa, segundo Quivy e Campenhoudt (1998), deve se seguir a construção do problema e a ele estar articulado. Significa

> [...] explicitar o quadro conceptual de sua investigação, quer dizer, descrever o quadro teórico em que se inscreve a metodologia pessoal do investigador, precisar os conceitos fundamentais e as relações que eles têm entre si, construir um sistema conceptual adaptado ao objeto de investigação (QUIVY; CAMPENHOUDT, 1998, p. 101)

Construir uma problemática consistiria em responder à pergunta: "como vou abordar esse fenômeno?" (*ibidem*, p. 104). Christian Laville (1999, p. 124) esclarece que, para o pesquisador, "definir sua problemática é raciocinar a fim de dominar os fatores – conhecimentos e valores – que orientam sua própria maneira de abordar o problema de sua pesquisa." Afirma ainda que, "ao elaborar a problemática, o pesquisador se encontra só diante da responsabilidade de utilizar o seu raciocínio e aplicá-lo, sob medida, ao seu problema específico" (*ibidem*, p. 124). A leitura da produção do campo e afins, para isso, é imperativa. Assim é que trazemos ao diálogo três historiadores: o próprio Agulhon, Caio Boschi e Marco Morel.

---

[22] Ainda sobre a amplitude da noção de *sociabilidade*, o que a colocava em desvantagem em relação a outras noções analíticas, Marco Morel argumenta: "Há pelo menos duas décadas os estudos em torno das sociabilidades se têm ampliado e conquistado estatuto de legitimidade na historiografia. É certo que a palavra 'sociabilidade' existia há mais tempo, porém padecia de indefinição: referia-se às pessoas e grupos em sociedade, incluindo os mais diversos laços sociais, sinônimo de socialização, de agrupamento, de civilização... Enfim, podia ser tudo e acabou não sendo quase nada. Sociabilidade era assim identificado como tema menor, folclorizado, marginal." (MOREL, 2001, p. 2, grifo do autor).

A pesquisa realizada por Maurice Agulhon e que resultou na *tese de doutoramento de Estado*, nos anos 1960, é a referência mais citada pelos trabalhos que vieram a seguir quanto ao tema das *sociabilidades*. Em texto de abertura do dossiê *Sociabilidad. En torno a M. Agulhon*, Jordi Canal (1997) esclarece

> La sociabilidad, un concepto proviénente de los estudios sociológicos – Simmel, Weber, Gurvitch –, ingresó de lleno entre fines de los años sesenta y la década siguiente, de la mano de Maurice Agulhon, en el territorio de la historia. Se convirtió, al fin y al cabo, en objeto de historia. Em 1966 vio la luz *La sociabilité méridionale*, reeditada dos años después en la editorial Fayard con el título *Pénitents et franc-maçons de l'ancienne Provence*. Era el resultado de la tesis complementaria de Agulhon, leída en mayo de 1966 en Aix-en-Provence, poco tempo antes de la tesis doctoral, de "Estado". Se trata de un trabajo centrado en la etapa final do Antigo régimen, los precedentes de su investigación sobre el Var entre el final de la Revolución francesa y 1851, analizada bajo el prisma de las asociaciones. [...] La publicación de *La sociabilité méridionale* constituye el punto de partida de un itinerario a través de un vasto espacio repleto de posibilidades para la investigación, explorado tanto pela historiografía francesa como por la de otros países. (CANAL, p. 595; grifos do autor)

Na resenha sobre *La sociabilité méridionale...*, Madeleine Villard (1966) afirma que a obra se refere ao estudo do "que nós designamos hoje como 'associações'; trata-se de grupos tão diversos como as confrarias, os clubes, as lojas maçônicas, as sociedades populares, todas manifestações de um fenômeno social: o gosto de se reunir, de se agrupar, que o autor nomeia de 'sociabilidade'". (VILLARD, 1966, p. 38; grifos da autora, tradução nossa). Após uma breve descrição da obra, Villard apresenta as conclusões de Agulhon sobre quais seriam os *traços essenciais* da vida social do francês meridional: "**influência da vida municipal, a religiosidade barroca e a estrutura geográfico-social original**" (*ibidem*, p. 596; grifos nossos). Esses traços, juntamente com "a tendência constante de se associar, teriam preparado o terreno onde germinou, nessa região, o gosto pela democracia" (*ibidem*, p. 596).

Em outra resenha sobre uma obra editada pela Fundação Mario Gongora (*Formas de sociabilidad en Chile*)[23] – resultado de um seminário homônimo, reali-

---

[23] Um agradecimento especial ao pesquisador chileno Felipe Zurita, pela identificação das referências básicas sobre essa obra e reprodução de parte significativa da mesma.

zado em Viña del Mar, em maio de 1991 –, Jose G. Diaz Bahamonde (1993) chama a atenção para o texto de abertura, de autoria de Agulhon, intitulado *La sociabilidad como categoría histórica*. Ao referir-se a esse texto, Bahamonde afirma

> [...] o autor se remite a explicar el origen del vocablo y la acepción que a su entender es la mas apropiada para este tipo de estudios: vale decir, 'una maniera del hombre de vivir en sociedad'.
>
> Esta idea, tan sencilla a primera vista, contiene insospechadas implicancias al centrar la atención sobre los mecanismos empleados por el ser humano para establecer vínculos con los demás miembros del colectivo social. **Estos mecanismos son, obviamente, susceptibles de cambio según el tempo, el espacio y la cultura**, y, en consecuencia, son potenciales sendas de exploración del historiador.
>
> La sociabilidad como una metodología comprehensiva en historia social revaloriza a lo cotidiano y las asociaciones como objeto de estudio. Ello, dada la existencia de códigos y estructuras de grupo que permiten afirmar que la vida asociativa, formal, reglamentada y con objetivos determinados, surge en buena medida de una vida social más rutinaria, subyacente e informal.
>
> El texto de Agulhon, conciso y breve, tiene el mérito adicional de presentar sintetizadas sus reflexiones acerca del tema, desarrolladas en el transcurso de veinticinco años de especialización. (1993, p. 704-05; grifos nossos)

Dois textos de Agulhon são referências importantes para a compreensão da temática das sociabilidades: *La sociabilidad como categoría histórica* (1992) e o prefácio do livro *Pénitents et franc-maçons de l'ancienne Provence* (1984). Nesses dois escritos, o autor faz uma reflexão sobre suas escolhas teórico-metodológicas, suas conclusões, diálogos com os pares (especialmente os sociólogos, no texto de 1984), buscando dar maior clareza à noção de *sociabilidade*. Segundo ele, "o fenômeno associativo, longe de ser tributário da sociabilidade presumida do meio ambiente, o é bem mais ainda das **condições sociais e políticas, jurídicas e culturais**, e não é porque a vida associativa não tem esperado para encontrar seus historiadores, que a sociabilidade se torna uma categoria histórica" (AGULHON, 1984, p. VIII; tradução e grifos nossos).[24]

---

[24] "[...] le phénomène associatif est loin d'être tributaire de la sociabilité présumée du milieu ambiant, il l'est, bien plus encore, des conditions sociales et politiques, juridiques et culturelles, et c'est pourquoi la vie asso-

No Brasil, o ensaio de Caio Boschi (2006) apresenta um amplo mapa dos estudos que tomam como objeto as *sociabilidades* na América Portuguesa. Para ele, a escassez de reflexões teóricas em torno do campo da História leva os historiadores a buscarem ferramentas em outras ciências sociais.

> Assim é, por exemplo, que nos estudos pioneiros eram a Sociologia e secundariamente a Política a abrirem as portas para os trabalhadores das 'oficinas' da História das sociabilidades, já agora é da Antropologia e da Etnografia que procedem as categorias analíticas e o aparato teórico-metodológico de que o historiador se apropria. (BOSCHI, 2006, p. 298; grifo do autor).

Boschi chama a atenção para o silêncio da historiografia brasileira sobre o livro *Pénitents e francs-maçons de l'ancienne Provence: essai sur la sociabilité méridonale*, que "permanece sem tradução para a língua portuguesa [e] quando muito é referido e quase nunca lido pelos historiadores brasileiros"(*ibidem*, p. 298). E apresenta um amplo rol de formas e espaços de sociabilidade na América Portuguesa, tais como: festas (urbanas e rurais), procissões, irmandades, associações, misericórdias, santidades, quilombos, academias e sociedades literárias, romarias e peregrinações, saraus/tertúlias literárias, casas de jogo e de alcouce, entrudo, praça de touros, cavalhadas, bibliotecas (abertas ao público), teatros. Nas críticas que dirige a alguns trabalhos sobre esses temas, Boschi destaca:

> Além disso, na análise de tais eventos, a tendência é a de englobá-los em conjunto único, não atentando [...] para as relevantes diferenças entre espaços urbanos e espaços rurais, para peculiaridades regionais, para as diversidades das formações sociais, para o caráter circunstancial ou regular das mesmas, para as variabilidades advindas dos diferentes momentos históricos em que realizaram e, como referido, para a sua condição original de serem promoções institucionalizadas ou de serem manifestações espontâneas da população. (*ibidem*, p. 300)

Mais à frente, ao chamar a atenção para temas relacionados às *sociabilidades*, ainda não explorados pelos historiadores, afirma que, "quando realizados, certamen-

---

ciative n'a pas attendu, pour trouver ses historiens, que la sociabilité soit devenue uma catégorie historique."

te haverão de indicar as notórias especificidades existentes entre as práticas de sociabilidade desenvolvidas em **distintos espaços geográficos, segmentos e grupos sociais e momentos históricos"** (*ibidem*, p. 304; grifos nossos).

Por fim, temos a pesquisa de Marco Morel (2001, 2005) sobre *as transformações dos espaços públicos* no Rio de Janeiro na primeira metade ao século XIX, com base em estudos da imprensa, atores políticos e sociabilidades. No estudo das *sociabilidades*, o pesquisador analisa as associações existentes no império – com destaque para as maçonarias. Para isso, também estabelece um diálogo com o trabalho de Agulhon, entre outros pontos, sobre uma tipologia das sociabilidades. Apesar de considerar "temerário estabelecer divisões rígidas entre sociabilidades formais e informais, uma vez que ambas podem entrelaçar-se", o autor acaba por adotar esse princípio de organização (MOREL, 2005, p. 221). Do mesmo modo, refere-se ao desafio de criar uma classificação das sociabilidades formais, que constituíram seu objeto de estudo. Para Morel

> A perspectiva de classificar grupos distintos é complexa: um modelo muito rígido poderia mascarar as diferenças; em atitude oposta, a ausência de critérios levaria a uma particularização descritiva que não contribuiria para a análise pretendida. Uma das premissas fecundas é perceber que as associações não são sempre unifuncionais, mas que podem cumprir simultaneamente várias funções sociais. Isto é, trata-se de considerar as associações como multifuncionais. As **dimensões econômica, filantrópica, pedagógica, corporativa, política e cultural** podem encontrar-se imbricadas numa mesma instituição. (*ibidem*, p. 221; grifos nossos)

Muitas lições podemos aprender com esses pesquisadores e suas obras. Contudo, gostaríamos de trazer à reflexão, nesse momento, as palavras e expressões que destacamos em negrito ao longo do texto e que poderiam apontar para a elaboração de uma tipologia (ou tipologias) das sociabilidades.

Quadro B - Indicadores para uma tipologia das sociabilidades

Autores	Expressões
Madeleine Villard	Influência da vida municipal, tipo de religiosidade, estrutura geográfico-social original
J. G. Diaz Bahamonde	Mudanças segundo o tempo, o espaço e a cultura
Maurice Aguilhon	Condições sociais, políticas, jurídicas e culturais
Caio Boschi	Distintos espaços geográficos, segmentos e grupos sociais, momentos históricos
Marco Morel	Dimensões econômica, filantrópica, pedagógica, corporativa, política e cultural

Assim, para a elaboração de uma "problemática das sociabilidades" em História da Educação, a construção de uma tipologia dessas mesmas sociabilidades pode se constituir em um "mar" ao qual lançar nossas "âncoras." As justificativas para cada uma das nossas escolhas, assim como o faz Morel, poderiam dar, a cada um de nossos trabalhos, uma feição única, como uma marca registrada, mesmo estando vinculados a projetos comuns de investigação. Nesse sentido, parece-nos que o uso que temos feito da classificação *sociabilidades intelectuais* estaria demandando dessas justificativas. Por fim, é bom lembrar que estamos falando de História: a "arquitetura" das nossas tipologias de sociabilidades deverão ser produzidas, sempre, no diálogo entre nossos problemas de pesquisa e nossas fontes/documentos.

A segunda possibilidade para agregarmos potência à noção de *sociabilidades*, como anunciamos anteriormente, parece assinalar para a hipótese de uma construção teórica. Se atentarmos para nossos trabalhos, nas análises que deles já fizemos, constatamos o destaque que as pesquisas dão aos sujeitos. Do mesmo modo, no Quadro A, podemos notar a preponderância da expressão *rede de sociabilidade*. Para Quirós (2014), essas duas noções não são intercambiáveis: enquanto as *sociabilidades* apontam para uma dimensão da vida coletiva, para os modos de associação promovidos por pessoas que estão em interação, as *redes* dizem respeito às formas de projeção e afirmação das personalidades individuais. Entretanto, fazemos uso dessa expressão sem que isso nos cause desconforto, sem necessidade de problematizá-la.

Ao relermos as anotações sobre *sociabilidades*, feitas pelos historiadores que elegemos para o diálogo, constatamos que o termo privilegiado é *sociabilidade* e o objeto são as associações. Portanto, é possível pensarmos que, nos estudos sobre *sociabilidades*, o ponto de partida pode determinar nossas escolhas teórico-metodológicas. Assim, um estudo relacionado às formas de agrupamento construídas pelos sujeitos, sejam associações, instituições, entre outras, poderia se "beneficiar" da elaboração de uma *tipologia das sociabilidades*. Por outro lado, estudos que tenham como foco a circulação dos sujeitos, suas trajetórias, ações, teriam na noção de *redes de sociabilidade* um instrumento analítico "poderoso".[25] O aprofundamento das reflexões/investigações sobre as hipóteses que nesse momento aventamos, sem dúvida, continuará a ser um desafio!

CONCLUSÕES E INDICAÇÕES TEÓRICO-METODOLÓGICAS PARA O APROFUNDAMENTO DAS PESQUISAS

Como vimos ao longo do texto, o espaço público e as sociabilidades se articulam de forma marcante. Apesar de fazerem parte das relações que ocorrem no ambiente privado, como se nota com muita força no Brasil, as sociabilidades, às quais as pesquisas aqui analisadas buscam captar, são aqueles que ocorrem no espaço público. São sociabilidade notadamente políticas, mas que não deixam de mobilizar afetos e relações de aproximação privadas, o que uma vez mais nos indica a dificuldade de se fazer uma separação entre o mundo público e o mundo privado.

Ainda que uma explicitação detida e cuidadosa das diversas tradições políticas e teóricas, bem como dos diversos sentidos que destas são emprestados a esses termos – *sociabilidades* e *redes de sociabilidade* –, esteja para ser realizada, não se pode negar que os(as) pesquisadores(as) lançaram mão dos(as) principais autores(as) contemporâneos, como J. Habermas e H. Arendt, para tratar do tema.

---

[25] Essa alternativa parece combinar com um traço da nossa cultura: nossa disposição ao culto das personalidades...

Há que se observar que, no conjunto dos textos, o "espaço público", a "cena pública" ou a "esfera pública", e suas diversas formas de ocupação, são muito pouco generificadas e racializadas. Apenas um dos textos problematiza especificamente a presença feminina no espaço público. Mas nenhum o faz sobre a feição demasiadamente masculinizada de definição e mesmo de ocupação do espaço público entre nós.

No que se refere à presença feminina, Matheus Cruz e Zica e Patrícia Barros Oliveira (2015, p. 77), nos lembram que a

> utilização de pseudônimos masculinos por mulheres no século XIX era estratégia comum na literatura e na imprensa, visto que '[...] sua palavra pertence à vertente privada das coisas [...]. O que é recusado às mulheres é a palavra pública'.[26] Era, portanto, uma forma de resistência da mulher, para se fazer ouvida, com o objetivo de tomar a palavra para ocupar o espaço público.

Mas asseveram:

> Por meio do jornal, importante suporte no qual e por meio do qual a opinião pública é tensionada, construída e divulgada, os homens, sobretudo, são os principais participantes dessa divulgação de ideias e valores ligados à modernidade da qual a imprensa é produto e produtora. Uma participação feminina nesse meio, no entanto, não pode ser desprezada, haja vista a publicação de periódicos voltados exclusivamente para esse público. (ZICA; OLIVEIRA, 2015, p. 64)[27]

De outro lado, é preciso nos perguntar, também, se as nossas próprias noções de público, privado e até mesmo de intelectuais não estão profundamente arraigadas no modo masculino de conceber a cultura, a política, a economia, enfim, a própria sociedade humana e aqueles e aquelas que as produzem. Fazer uma crítica generificada aos próprios conceitos que mobilizamos é, nos parece, um dos desafios do Programa de Pesquisa em curso.

---

[26] PERROT, Michelle. As mulheres ou os silêncios da história. Bauru: EDUSC, 2005. p. 317-318 *apud* ZICA; OLIVEIRA, 2015.

[27] Barreto (2015) e Periotto (2015), apesar de não tratarem especificamente da presença feminina no espaço público, mostram as tensões que perpassavam essa temática e a do acesso das mulheres à escola, no século XIX, ao analisarem a produção intelectual de Tobias Barreto e de Lopes Gama.

Já no que se refere à dimensão racial, nenhum texto foca, explicitamente, a presença de sujeitos negros no espaço público e muito menos problematiza a ostensiva presença de sujeitos brancos nesse mesmo espaço. Há, por assim dizer, uma naturalização de que o espaço público, a cena pública ou a esfera pública são ocupados por sujeitos masculinos e brancos. Isso acaba por impedir a emergência de uma crítica às próprias noções de "público", "privado" e "intelectual" que poderia advir da explicitação da natureza masculinizada e branca dessas definições no mundo ocidental e, particularmente, no Brasil.

Do mesmo modo, é preciso um maior investimento na clarificação da noção de privado que faz par ordenado com a noção de público, como já alertava Marcus Vinicius Correa Carvalho (2016, p. 91):

> Interessa notar que 'não existe uma definição satisfatória da esfera pública que não implique também uma compreensão da esfera privada [...]'.[28] A delimitação entre a esfera pública e a esfera privada implica entre escolher os atos que interessam a todos e aqueles que são reflexo dos interesses de indivíduos e/ou grupos isolados. O 'elogio da vida pública e da ação foi parte integrante do discurso republicano em muitos momentos da história moderna'. Entretanto, importa vislumbrar, sobretudo, a fluência das fronteiras entre 'vida pública' e 'vida privada' no curso da modernidade em seus impactos sobre os debates éticos na sociedade de massas no século XX,[29] como seja a sociedade brasileira.

No transcurso da história não é possível fazer uma distinção muito clara entre o mundo privado e o espaço público. Uma instituição, como a escola, pode ser um espaço público, mesmo quando é particular e não estatal, se se considera que nela e por meio dela as crianças e jovens saem do espaço privado da casa e estabelecem relações com outros coletivos por meio, sobretudo, da relação com seus colegas e professores. Nessa perspectiva, poder-se-ia aventar a hipótese de que o mundo do trabalho extradoméstico, mesmo sob a égide dos interesses particulares, é também uma experiência do espaço público. O que importaria, aqui, seria a experiência que o mundo do trabalho e da escola privada permitem aos sujeitos, muito mais do que as formas institucionais privadas que tomam essas instituições.

---

[28] Citando BIGNOTTO, op. cit., p. 286.

[29] *Ibidem*, p. 287-288.

Algumas dessas dimensões aparecem exemplarmente em um dos textos publicados por Vera Lúcia Nogueira (2016, p. 50-51):

> A sociedade brasileira provincial, por meio de seus mais dignos cidadãos, se mobilizou de forma a construir um quadro de estratégias, com vistas a transformar os costumes, os comportamentos, a mentalidade da população pobre com propósito de civilizá-la e, bem assim, inseri-la num projeto mais amplo de civilização. Para isso, foram acionados diversos espaços de sociabilidade institucionalizados, espaços privados e públicos nos quais se construíam as relações sociais, indo do espaço privado da casa do professor ao espaço público das associações filantrópicas, literárias, maçonaria, mobilizando crenças, ciências, circulando ideias, bem como lançando mão de dispositivos distintos como a imprensa, o teatro, a música, as bibliotecas, para promover, por meio da difusão da cultura escrita, a reforma dos costumes e do espírito da população pobre.

Assim, a distinção entre o que é público e o que é privado, como essas instâncias da vida humana se entrecruzam, fazem par com o que se constitui como sociabilidade e o que é próprio do indivíduo. Se considerarmos que em nossas pesquisas essas dimensões estarão demarcadas por um tempo e um espaço específicos, é importante ter clareza de que outras variáveis deverão ser embaralhadas nesse jogo. Nesse sentido, tal como constata Nogueira (2016), podemos buscar compreender como as sociabilidades informais, constituídas pelo encontro casual entre as pessoas, podem dar origem a organizações formalizadas, institucionalizadas. Ou então, podemos compreender como na organização da dimensão pública da vida humana são inventadas formas de vida social distintas para a elite e para a pobreza. Ou ainda, como instituições criadas pelo poder da lei acabam esbarrando em formas culturais firmemente arraigadas na existência humana a ponto de se tornarem inviáveis. Desafios estes ampliados por registros, documentos e arquivos que, nem sempre, estão à nossa disposição.

Ao final, queremos destacar a oportunidade do estudo destes temas: público e sociabilidades. Impossível, portanto, deixar de refletir sobre o presente. Parece-nos que a dimensão pública da sociedade brasileira nunca foi tão usurpada pelos sujeitos – principalmente muitos daqueles que estão no exercício de um mandato político. Constatamos, diariamente, denúncias em que a coisa pública é apropriada como um bem pessoal (ou, quando muito, familiar) e o espaço público, local de consolidação dos interesses privados. Do mesmo modo, flagrantes da vida cotidiana têm mostrado a solidão das pessoas "conectadas"! Há pouco mais de 30 anos, era possível a adesão da quase totalidade de professores a uma greve, por exemplo. Hoje, as pessoas reivindicam mais e mais o respeito às suas individualidades (não estamos falando de diferenças) – e tais argumentos são legítimos – para justificar um aparente alheamento às questões que interessam a todos. Diante disso, nos perguntamos: Como os futuros historiadores – os que estão nascendo agora ou ainda estão por nascer – problematizarão seus estudos sobre a dimensão pública e as sociabilidades do nosso tempo?

Moderno, Modernidade e Modernização na educação brasileira em dois tempos: histórico e sociológico

Rosana Areal de Carvalho
Maria das Dores Daros
Ione Ribeiro Valle

No presente trabalho reunimos alguns resultados das pesquisas desenvolvidas por aqueles que, no Programa de Pesquisa Interinstitucional do qual participam desde 2010, se debruçaram sobre as propostas de modernidade e modernização no campo educacional brasileiro. A perspectiva que elegemos pautou-se num recorte de longa duração, que vai da independência política (1822) aos anos de 1960, marcados pela implantação da Lei de Diretrizes e Bases da Educação Brasileira, em 1961, e pelo Golpe Civil-Militar, em 1964.

Esse recorte nos possibilitou abordar o tema por meio de dois eixos teórico-metodológicos bem definidos, sendo o primeiro, de perspectiva histórica, acolhe a educação voltada à "missão" de modernizar. Trata-se, portanto, de modernização vinculada ao progresso e ao desenvolvimento, cujos debates podem ser observados ao longo do século XIX e na primeira metade do século XX. O segundo eixo, centrado em uma abordagem de cunho sociológico, é apresentado na sequência do texto e se refere aos projetos de educação nas teorias da modernização, em geral dispostos entre os anos de 1940 e 1960.

O volume de estudos sobre esses temas não deixa de ser revelador, sendo a abordagem histórica, quantitativamente, bem mais expressiva que a abordagem sociológica. Além de o recorte cronológico ser mais amplo, o perfil dos pesquisadores vinculados ao Programa está mais inclinado ao *métier* de historiador. Ao fim e ao cabo, saímos todos ganhando no intercâmbio generoso e profícuo entre estudiosos da educação brasileira engajados em um trabalho coletivo que envolve mais de dez instituições espalhadas por sete estados brasileiros, desde o Sul até o Nordeste, o que possibilita submeter diferentes temáticas a perspectivas epistemológicas diversas.

MODERNO, MODERNIDADE E MODERNIZAÇÃO NA EDUCAÇÃO BRASILEIRA NO TEMPO HISTÓRICO

A clivagem clássica dos tempos históricos (Idade Antiga, Medieval, Moderna e Contemporânea) nos aponta a importância do termo moderno para as sociedades europeias e, consequentemente, para todas delas derivadas. Esse termo também nos remete, quase automaticamente, ao título do mais famoso filme de Charles Chaplin, *Tempos Modernos*. Com esses dois exemplos, apenas, é possível perceber a dimensão semântica do termo, bem como sua importância social e cronológica.

Para esclarecer e melhor nortear as pesquisas e as reflexões envolvendo esse léxico e a educação brasileira, Marcus Vinicius Corrêa Carvalho desenvolveu um estudo, intitulado *Moderno, modernidade e modernização: polissemias e pregnâncias*, que abre o primeiro volume da coleção *Moderno, Modernidade e Modernização: a educação nos projetos de Brasil – séculos XIX e XX*. Reconhecendo "a variada apropriação e aplicação dos conceitos de moderno, modernidade e modernização", o autor se propõe a "equacionar temas e questões em um arranjo que permita problematizar o recurso a esses conceitos como fatores explicativos em termos históricos e historiográficos", chamando a atenção para as armadilhas de uma "inconsistência interpretativa que assumem quando abordados de modo transistórico, ou, como termos equivalentes e/ou intercambiáveis." (CARVALHO, 2012, p. 13).

Ao realizar um "breve sobrevoo etimológico", Carvalho anuncia a longevidade dos termos e alerta para as "apropriações e aplicações, já milenares, do termo moderno, diferenciando-o da trajetória centenária do termo modernidade e da utilização, ainda mais recente, do termo modernização." É principalmente em relação a este último que a abordagem sociológica se consagra na segunda parte deste capítulo.

Neste primeiro momento, apresentamos alguns resultados das investigações que privilegiaram os termos moderno, modernidade e modernização ao longo do século XIX e primeiras décadas do século XX, tendo como referência os projetos e debates político-educacionais que, como se pode ver, se instalaram em diversos espaços e suportes impressos: da tribuna dos poderes Executivo e Legislativo aos jornais, panfletos, livros e periódicos especializados. Cabe apontar que esses termos não apresentam marcadas distinções semânticas, muitas vezes sendo utilizados como sinônimos. Mas é bom lembrar que os mesmos foram estudados em contextos históricos delimitados, nos quais o jogo de forças políticas e econômicas era bem conhecido, além de outros aspectos, de maneira a não incorrer em anacronismos ou outros equívocos que sempre ameaçam o ofício do historiador.

É certo que, em um recorte cronológico de longa extensão, a dimensão dos termos apresenta alguma distinção, marcada, por exemplo, pelas formas de governo. Para os monarquistas, sua forma de governo seria capaz de modernizar o país, desenvolvê-lo e produzir o progresso. Para os republicanos, porém, só mesmo a república e a democracia seriam capazes de realizar esta aspiração: inserir o Brasil no rol dos países modernos, desenvolvidos. E, comum a ambos, a escola arcaria com a missão de preparar as futuras gerações para os novos tempos de progresso e desenvolvimento. Nesse sentido, há uma proximidade significativa entre monarquistas e republicanos: ambos inferiam uma relação teleológica entre educação, civilização e modernidade, moderno e modernização. Contudo, qual escola seria capaz de realizar tal desiderato?

Além de Carvalho, outros pesquisadores tomaram como referência historiadores que abordaram o termo moderno e seus correlatos. Entre os citados, destacam-se Le Goff, com *História e Memória* (1990) e seu verbete "Antigo/Moderno", publicado na *Enciclopédia Einaudi* (1997), e Henri Lefebvre, em *Introdução à modernidade* (1969). Observa-se que não há discordância entre esses autores, ao contrário, a complementaridade é visível.

Para Le Goff, "o par antigo e moderno está ligado ao mundo ocidental e sua história, durante o período pré-industrial (século V a XIX), com o aparecimento do termo modernidade, numa reação da cultura à agressão do mundo industrial, onde o 'antigo' pode ser substituído por 'tradicional' e o 'moderno' por 'recente' ou 'novo', sendo que qualquer um desses termos pode estar acompanhado de conotações pejorativas, neutras ou de elogio." (TURCI, 2012, p. 153). Lefebvre (1969), por sua vez, aponta para algo semelhante, afirmando que o moderno se opõe ao antigo; e o emprego do novo, do atual é feito, em geral para rejeitar o passado.

Uma abordagem possível para os estudos sobre moderno e modernidade no Brasil, em espaços escolares e não escolares, é apresentada por Veiga (2004): os termos "moderno" e "modernidade" não devem ser tomados como conceitos, e, sim, como ideias adjetivas em vários campos: Estado moderno, técnica moderna, costumes e ideias modernas, línguas modernas, pedagogia moderna, entre outros. Veiga (2004) afirma ainda que na literatura brasileira contemporânea a modernidade nacional, a partir do século XIX, aparece associada às mudanças de costumes e tecnológicas.

"[...] condenados ao progresso":[1] modernidades no espaço escolar

Moderno e modernidade nas ideias pedagógicas produzidas pelos intelectuais brasileiros ao longo da segunda metade do século XIX são frutos, essencialmente, da circulação de compêndios e livros estrangeiros, muitas vezes por eles mesmos trazidos e traduzidos. Em muitos desses autores identificamos ideias que coadunam com a "aplicação de métodos modernos de cultura", preconizados por Froebel e Pestalozzi, entre os teóricos educadores que planaram nas províncias brasileiras ainda no século XIX. A eles podemos acrescentar Ovide Decroly, Ferriére, Hebert Spencer, John Dewey, Edouard Claparède.

Modernidade e civilização também formavam um ideal a ser alcançado. Porém, como adverte Rita Lages (2016, p. 20):

> Se no Brasil, no início do século XVIII, uma sociedade civilizada é aquela que vence a barbárie, ao longo do século XIX, a civilização não se constrói somente com a moral e os bons costumes de um povo civilizado que se opõe ao bruto, selvagem ou perigoso, mas também deve ser construída rumo ao progresso e à modernidade. Logo, ao termo civilização são acrescidos os sentidos de progresso e modernidade.

A formação de um Estado moderno, de uma nação civilizada transubstanciava-se nas mais diversas propostas pedagógicas defendidas na imprensa, nas associações e em outros espaços públicos. Moderna também deveria ser a pedagogia, entendida como ciência e prática, reverberando no currículo de formação de professores – a pedagogia como disciplina (TURCI, 2012), presente na materialidade da escola, em todos os níveis de ensino.

---

1 BRASIL. *Annaes da Conferência Interestadual de Ensino Primário*. Rio de Janeiro: Emp. Industrial Editora, 1922.

A pedagogia como disciplina incorporada ao currículo de formação de professores era vista como a ciência que daria sustento à prática pedagógica. Como afirma Deolinda Turci (2012, p. 154), "a mobilização científica em busca de soluções para a educação" era não só "uma faceta do moderno na educação mineira" como também resultado de "um movimento que preconizava o uso de ideias inovadoras".

Tais modernidades tinham cabida nos projetos dos tempos de Império, como assinala Vera Nogueira (2016, p. 9), ao exemplificar que o ministro João Alfredo Corrêa de Oliveira, em discurso proferido em 1870, lamentava o Brasil não estar a par do "grande movimento da civilização moderna em relação à instrucção pública", posto ser, justamente, a instrução pública a responsável pelo aperfeiçoamento das faculdades morais do indivíduo, constituindo-se como "o mais poderoso elemento de engrandecimento e prosperidade nacional..."

Estando presentes em todo o século XIX, não há dúvida de que as ideias de modernização e civilidade vão se reconfigurando, tomando novos delineamentos e se intensificando. A década de 1870 é um marco significativo nesse processo. Lages (2014), tomando como base os apontamentos de Hilsdorf quanto às inovações pedagógicas oriundas das Exposições Internacionais, buscou nos relatórios de Presidentes de Província indícios e evidências de modelos e/ou referenciais estrangeiros.

> Considerava-se que como um "agente fecundo da civilização e do progresso", a instrução popular teria adquirido nos modernos tempos (grifos nossos) imensa importância, e "fixado a atenção dos homens eminentes em todos os países" (Relatório de Presidentes de Província de Minas Gerais, 1865). Ou seja, a modernidade se manifestava como o espírito daquele tempo e do qual era mister tornar-se parte como os outros países. E a educação popular se mostrava como uma via fundamental: "Nos tempos modernos, Exmo Sr, em que a felicidade de uma nação depende da instrução e educação popular, em que os conhecimentos não são mais como outrora, o privilégio de uma classe ou casta [...] em que o tempo em sua marcha civilizadora fez deles uma necessidade social, um elemento de ordem e de progresso para todos [...]". (Relatório de Presidentes da Província de Minas Gerais 1865).[2]

Denota-se, entretanto, que apesar do "movimento de valorização da instrução como aporte de pressupostos de uma modernidade aspirada em que a preocupação

---

[2] LAGES, 2014, p. 71.

em civilizar hábitos e costumes foi uma das chaves de interpretação, a qual poderia conduzir ao progresso tão sonhado" (SANTOS, 2014, p. 93), a efetivação da instrução pública, ou da educação popular como mais denominada ao final do século XIX, continuou sendo o grande desafio que adentra o século XX.

O fim da Monarquia no Brasil abriu horizontes mais auspiciosos para a almejada modernidade. Afinal, ser moderno era também ser republicano. Arcaico, atrasado, antigo eram adjetivos adequados ao Império. A República abria a oportunidade para algo novo, moderno. E nessa esteira também estava a educação, a escola.

A modernidade escolar chega às Minas Gerais, em definitivo, com a Reforma João Pinheiro, de 1906, que implantou o modelo do Grupo Escolar. A representação dessa escola, que pode ser encontrada no Museu da Escola de Belo Horizonte, conforme interpretação de Nelma Fonseca, indicia alguns elementos de modernidade, mas nem tanto... "Nesta representação museográfica vê-se o destaque para a mesa do professor no alto do tablado, as carteiras de madeira e pés de ferro presas ao chão, o quadro negro onde a lição era escrita, cantada e copiada, o ábaco de madeira desbotado pelo tempo." (FONSECA, 2014, p. 98).

Poucas décadas depois, a busca pela modernização escolar aparece com mais evidência no investimento do governo mineiro na formação do corpo docente. Nelma Fonseca abriu o arquivo de Alda Lodi para mostrar a experiência de formação dessa professora no Teacher's College, "visto como centro de excelência na formação docente, no período, irradiador de novos paradigmas educacionais, [o mesmo] recebia estudantes enviados por governos de várias partes do mundo." Para a pesquisadora, a

> ideia dos reformadores mineiros era que as professoras trouxessem ideias e metodologias modernas para transformar a educação no Estado em todos os seus aspectos, tanto no ensino da leitura e da escrita, quanto na aprendizagem da aritmética, da geografia, da história e também na socialização das crianças, com base no movimento iniciado por importantes educadores e teóricos da Europa e Estados Unidos, como John Dewey, Édouard Claparède, Ovídio Decroly, entre outros. (FONSECA, 2014, p. 103)

Os ventos da modernidade espalharam-se por todos os níveis de ensino. Cleide Melo observa isso ao investigar os passos e discursos de Lúcio dos Santos (1875-1944), inscritos no livro *Missão Universitária nos Estados Unidos*, no qual relata as observações feitas durante uma viagem a Cuba e aos Estados

Unidos. Nesse livro, o autor elabora um histórico da formação das universidades para concluir que a universidade moderna é "um estabelecimento de ensino tendo por fim [...] fornecer uma cultura científica geral e especial à mocidade, encaminhá-la para as pesquisas científicas e prepará-la para as profissões que exigem uma formação universitária".[3]

Apesar de se tratar de um país ainda predominantemente rural até os anos de 1930, a modernização escolar não se ateve apenas ao espaço urbano. O trabalho de Bruno Alves e Ana Carolina Bergamaschi é um exemplo de como essa ideia também atingiu o ensino rural. Os autores concluem que a

> crença na instrução da juventude, como condição estratégica para atingir o progresso, a modernização, o desenvolvimento da agricultura parecia investimento comum no período e um dos campos de ação do Aprendizado.[4] O combate à prática rotineira, considerada rústica e atrasada, parecia se dar pela crença na instrução nessa etapa de vida, que garantia o porvir da produção agrícola e, ao mesmo tempo, estancaria em curto espaço de tempo, os impactos geracionais e as desconfianças. (ALVES; BERGAMASCHI, 2016, p. 181

Os objetivos da modernização, portanto, não visavam apenas à cidade, mas extrapolavam os limites desta para adentrar no campo, no âmbito da produção, por meio do estímulo ao uso de um maquinário moderno, mais eficiente. No entanto, o que mais nos interessa aqui é que esses objetivos abrangiam a formação de mão de obra, isto é, estava em perspectiva o ensino de práticas agrícolas modernas.

Percorrendo os trabalhos que trataram da temática da modernidade no espaço escolar, podemos observar que tal ideia ganhou corpo e contornos diferentes ao longo dos séculos XIX e XX, sem, contudo, inviabilizar os investimentos nesse horizonte. Queremos dizer que a escola moderna para o ano de 1906, por exemplo, não era a mesma escola moderna propugnada pelos escolanovistas. Queremos dizer também que, subjacente à ideia de modernidade, como identificado pelos pesquisadores, estava a ideia de progresso, de um *continuum*...

---

[3] Santos (1930, p. 19), cit. por MELO, 2014, p. 162.

[4] Aprendizado Agrícola de Barbacena, criado em 1910, objeto de estudo de Alves e Bergamaschi (2016).

Outras modernidades em espaços não escolares

Em outras esferas da vida social, no vestuário, nos hábitos do cotidiano, na organização e na arquitetura doméstica, por exemplo, observamos como referências o modelo europeu durante o século XIX, sobretudo, e o modelo norte-americano tornando-se hegemônico ao longo do século XX. Mais do que isso, não podemos fechar os olhos à realidade brasileira de convivência e, por vezes, de manutenção de elementos arcaicos e modernos, dada a trajetória de formação desta nação, dados seus condicionantes sociais, políticos e econômicos.

As pesquisas não se restringiram ao espaço escolar, mas pensaram a educação como prática social, de forma ampla, presente em todos os espaços em que se estabelecem as relações sociais. Exemplo desse viés é o trabalho de Matheus da Cruz e Zica (2012) com os livros de Bernardo Guimarães, nos quais identifica o controle da violência física e das paixões como expressão social da idade da razão, ou seja, como sinal de modernidade.

Nos Relatórios de Presidentes de Província e na imprensa da Paraíba oitocentista, Matheus e Zica e Patrícia Oliveira (2015) observam a presença, cada vez mais intensa, de termos cujo uso evocavam a ideia de modernidade, civilização, ciência, progresso e educação. Observam também que a imagem do feminino, por vezes, era vista como "portador do novo, da possibilidade da construção de uma sociedade mais justa e igualitária." (ZICA; OLIVEIRA, 2015, p. 64). Por outro lado, os autores concluem que, "no contexto da modernidade, o elemento feminino, mesmo tendo sido associado – inclusive por muitos homens – ao moderno, faz-se presente nos jornais com nuanças também masculinas." (ZICA; OLIVEIRA, 2015, p. 79).

No campo jurídico, o estudo de Mesquita, Meneses e Santos (2016, p. 152) indicou algo semelhante na obra de Plínio Barreto quanto aos objetivos dos legisladores brasileiros, os quais "caminharam atrelados às expectativas da modernidade, progresso e razão vinculados às regras e às normas do direito dos séculos XIX e XX"; caminhos na direção da "afirmação do Estado-Nação moderno".

De Norte a Sul, as vozes em prol da modernidade se faziam ouvir, nem por isso podem ser consideradas hegemônicas, do mesmo modo que não se pode supor que não enfrentassem algumas reações. Taborda de Oliveira (2014, p. 39) observou as dificuldades de efetivação de um discurso na voz de Rocha Pombo, cuja "retórica *modernizadora*, fundada na defesa da industrialização, da educação pública e universal como possibilidade de esclarecimento geral, no seu republicanismo, na defesa da democracia e da redefinição da grande propriedade" não encontraram eco entre as elites paranaenses:

Não estranha que tais ideias não se coadunassem com as formas políticas vigentes no final do Império, sobretudo em uma região de forte concentração fundiária e de produção agropecuária de largo porte. Suas posições implicitamente condenavam o latifúndio, a falta de iniciativas em prol da industrialização, as relações de poder baseadas no clientelismo, a falta de oportunidades educacionais, etc.

A interpretação de Taborda de Oliveira é que a noção de modernização construída por Rocha Pombo "remete a uma dimensão da organização social"; entretanto, observa tratar-se de um "apologista cauteloso", posto que a marcha para o progresso poderia reduzir as possibilidades do espírito humano e mesmo da civilização. Esse movimento contínuo para o progresso também pode ser visto como aceleração do tempo, das mudanças sociais e políticas, que podem ser identificadas no léxico[5] utilizado por Hamdan (2014, p. 147) para estudar as proposições de Tavares Bastos ao defender a instrução pública:

> O objetivo da instrução para Tavares Bastos seria o de alçar o país ao nível das "civilizações mais modernas", dos povos "mais avançados", considerando que no nosso caso esta seria absolutamente necessária para "[...] elevar o nível moral das populações mergulhadas nas trevas", porque, segundo o autor, "[...] nosso povo não entrou ainda na órbita do povo civilizado" e "Ao invés das tendências dos séculos, o que possuímos nós? Ou ainda "Em algumas províncias a instrução pública mostra-se com grande atraso [...]"

Outro trabalho revelador da presença do moderno, da modernidade e da modernização como ideias ou como ideal, menos do que como conceitos,[6] é o trabalho de Raquel de Abreu (2012), intitulado *Os pedrinhos de Monteiro Lobato e Lourenço Filho: a criança e o Brasil em projetos de modernidade para a nação*. Nesse estudo, a autora apresenta algumas reflexões sobre os desdobramentos da ideia de moderno em "discursos sobre o Brasil para a criança brasileira em duas obras didáticas" (ABREU, 2012, p. 115): *Geografia de Dona Benta*, de Monteiro Lobato (1ª edição 1935), e *Aventuras de Pedrinho*, de Lourenço Filho, 3º volume da Série de Leitura Graduada Pedrinho (1953-1970). O trabalho recorda as representações for-

[5] Cf. KOSELLECK, 2006.
[6] Cf. VEIGA, 2004, p. 35-36.

madas ao longo da vida escolar infantil e também doméstica, em que a leitura desses livros era estimulada pelos adultos.

Abreu aponta as ideias de moderno e modernidade como objetos de tensão entre a vida urbana e a vida rural, estando subjacentes inúmeros níveis de valorização. A disputa também se estende ao campo dos valores políticos: enquanto no meio rural a população era submissa aos políticos e proprietários de terra, na cidade se praticava a participação política e a democracia. Inerente a essa representação, a autora destaca a perspectiva de futuro sendo construído no presente e cada vez mais afastado do passado, sempre visto como atrasado.

No campo econômico, o moderno estava associado à industrialização, à exploração de petróleo. Também se fazia presente no vestuário e nas edificações e em todos os demais aparelhos que caracterizam a urbanização. Nesses elementos estaria a expressão da razão que aponta para o progresso, para o desenvolvimento, para o Brasil ao lado dos países desenvolvidos.

Ao longo dos anos 1930, a ideia de educação como ciência, atrelada, portanto, ao escopo da modernidade, foi bandeira desfraldada pelos escolanovistas. Se não tratavam o ideal escolar propugnado como escola moderna, igual sentido poderia ser visto na Escola Nova. Não haveria desenvolvimento econômico sem o desenvolvimento do sistema educacional; somente a educação como ciência aplicada à escola produziria os conhecimentos necessários para sustentar uma economia em constante crescimento.

Carvalho e Machado (2016, p. 131), ao analisarem o conjunto da obra de Primitivo Moacyr (1868-1942), compreendem que sua contribuição cumpriu um importante papel como "consubstanciação de um projeto de modernidade educacional brasileira e na construção de um *modus operandi* de fazer política no país." Segundo eles, as pesquisas desenvolvidas pelo autor e divulgadas em seus livros estariam em tom com o projeto de modernidade educacional defendido pelos escolanovistas, no sentido de produzir um conhecimento útil à formulação de políticas públicas no campo educacional. Era preciso conhecer o que já fora feito para, em definitivo, construir uma proposta coetânea ao projeto getulista para um "Estado Novo".

Para Solange Hoeller (2012, p. 133), "o moderno (como consciência da modernidade), a modernização (como modernas técnicas que respondessem às necessidades do momento histórico), o modernismo (abrangendo as transformações sugeridas e efetivadas no campo cultural, sobretudo no campo das artes)" são traços marcantes do cenário brasileiro na última década da Primeira República brasileira. Nos estudos sobre o ideário pedagógico moderno nos discursos de Henrique Fontes e Oswaldo Cabral, dois intelectuais catarinenses que atuaram na primeira metade do século XX, encontramos sintetizada a proposta de uma escola primária moderna, cujo objetivo era "instruir e educar, envolvendo elementos materiais e simbólicos, segundo a concepção da época." (HOELLER, 2012, p. 135). Ou seja, a formação moral do cidadão consiste em ser trabalhador e útil à sociedade, desenvolver bons hábitos, incluindo os de saúde e higiene, e consolidar os ideais republicanos – esses eram alguns dos elementos simbólicos. Na materialidade escolar, podemos indicar: prédios e mobiliários adequados, museus escolares, material didático, livros, mapas e outros recursos pedagógicos.

Continuando sob os ares do Sul, temos o trabalho de Adriana Leon (2014), que investiga o debate educacional nos impressos católicos que circularam no Rio Grande do Sul durante os anos de 1930. A autora identifica, inicialmente, as estratégias aplicadas pela Igreja Católica "com o objetivo de retomar espaço no campo social e educacional" e manter um diálogo com os interesses do Estado, com as ideias de modernidade e com a romanização, em curso à época. Entrelaçando a organização da sociedade civil ao ideário da modernidade, Leon (2014, p. 134) destaca "o incentivo à organização de um laicato militante, vinculado ao cotidiano sindical" manifesto em nota do impresso *A Palavra*:[7]

> Sindicato Cristão
> De início, o acadêmico Fiori mostrou a relação entre a sociedade civil e as sociedades particulares, fazendo ressaltar a necessidade destas, e, sobretudo, na hora presente, do sindicato. Após precisar o conceito de sindicato, fez um ligeiro histórico, para mostrar como na idade de ouro da organização profissional: na idade média chegamos à confusão social produzida pelo anárquico sindicalismo de hoje. Propõe, então, a solução: o neo-corporativismo estendendo-se longamente sobre os seus princípios básicos, os quais resumiu no final de seus trabalhos da seguinte forma:
> I – A organização profissional é a expressão de uma necessidade humana e natural.
> II – Só pode ser satisfeita na corporação de ofício.
> III – Esta corporação deve ser autônoma e reconhecida pelo Estado.
> IV – Esta corporação deve servir de traço de união entre todos os sindicatos do mesmo ramo de produção.
> V – Estes sindicatos únicos, obrigatoriamente de base cristã e com assistência religiosa.[8]

[7] *A Palavra*, impresso publicado pela Diocese de Pelotas, com circulação na região sul do Rio Grande do Sul.
[8] *A Palavra* 05/11/1933.

Um exemplo revelador da tensão presente nesse ideário de modernidade foi muito bem captado por Luísa de Paula (2014, p. 178) no estudo sobre Aurélio Pires (1862-1937), procurando demarcar os constrangimentos desse intelectual enquanto homem de seu tempo: "Pode-se inferir que, no que diz respeito à instrução pública, Aurélio era moderno no que pretendia obter como frutos, mas era tradicional na maneira de obtê-los, isso logicamente relacionado à sua formação em seminários, por exemplo." A autora observa que Pires, por um lado, se opunha à condução do tempo, aos "tempos modernos"; por outro, enxergava características positivas na modernidade, como a ciência, o que se torna evidente ao elogiar a criação do Departamento de Estatística em Ouro Preto.

Luísa de Paula destaca a modernidade presente em ações individuais, como a guarda de memória, posto que a ideia de futuro é construída na modernidade, juntamente com a ideia de passado e presente.

> Aurélio viveu, assim como todos os homens de seu tempo, as aventuras da modernidade e do tempo que seguia ininterrupto, e sentiu o gozo e o mal-estar por isso causado. Foi nesse limiar entre experiências tão diversas e sentimentos tão contratantes que Pires desenvolveu umas de suas características mais peculiares e sintomáticas, a característica de depositário de memórias. (DE PAULA, 2014, p. 78)

Se a República inaugurou um novo tempo, desfraldando novos horizontes em todos os campos, não foram necessárias mais do que duas décadas para se formar um sentimento de desilusão diante das expectativas não atendidas por aquilo de mais moderno que se tinha em vista no campo político. Solange Hoeller, Carolina Silva e Vera Lúcia Gaspar Silva (2015) experimentaram esse sentimento na leitura tanto de *Os deveres das novas gerações brasileiras*, de Antônio de Arruda Carneiro Leão, quanto de *Sugestões sobre a educação popular no Brasil*, de Orestes de Oliveira Guimarães. Em seus textos, as autoras observaram "um discurso pretensamente moderno" voltado à mobilização do tempo, numa narrativa que dialoga com o passado, o presente e o futuro ao problematizar o presente e buscar soluções para o futuro.

> Após demonstrarem a desilusão com a República, apontarem a necessidade de superar o passado e indicar possibilidades de soluções para resolver os problemas do presente, Carneiro Leão e Orestes Guimarães inscrevem-se, por meio de seus textos, como intelectuais modernos de seu tempo: com o olhar voltado para o futuro. (HOELLER; SILVA; SILVA, 2015, p. 114)

Respeitando as margens do exagero, não é difícil afirmar que o discurso e a defesa da modernidade estavam presentes em várias instituições, mesmo que se opusessem entre si.

MODERNIZAÇÃO: DO PLANEJAMENTO À AÇÃO

Não existe projeto de modernização hegemônico, pois cada projeto mobiliza uma dimensão particular, interesses específicos, apostas próprias a determinados grupos sociais. Embora os termos *moderno, modernidade e modernização* integrem o léxico que empregamos nas nossas ações cotidianas, presentes também nos discursos políticos e administrativos, eles sempre estão conectados a determinados contextos sociais, econômicos, culturais, educacionais. Vale lembrar aqui o que nos sugere Émile Durkheim (1858-1917) ao afirmar que o mais importante não é distinguir as palavras, mas conseguir distinguir as coisas que estão recobertas por elas.

Todavia, apesar de remeterem a sentidos que podem se revelar completamente distintos, esses termos, quando examinados dentro de certos recortes cronológicos, podem ajudar a compreender os projetos postos em prática numa determinada época ou, mais propriamente, os consensos firmados pelos atores sociais que definiram parâmetros, diretrizes, metas e ações a serem implementadas pelo Estado brasileiro.

São alguns desses consensos que podem ser observados quando procuramos, tendo como base sobretudo as lentes sociológicas, conhecer as dimensões que os projetos de modernização assumiram ao longo das décadas de 1950 e 1960. As referências que fundamentam essa empreitada veem dos textos decorrentes das pesquisas realizadas pelos integrantes do Programa de Pesquisa já referido. Partimos do pressuposto de que, por ser construído em torno de um amplo leque terminológico (missão, inovação, assistência e progresso técnicos, desenvolvimento econômico, mudanças sociais e culturais, desenvolvimento e educação, intelectuais...), o projeto de modernização foi apropriado não necessariamente da mesma maneira pelos estados brasileiros. Mas certamente havia um eixo comum entre as mais diversas ações postas em prática naquele momento histórico.

Antes de explicitarmos os "achados" de cada um dos estudos que elegeram esse período, consideramos importante destacar algumas orientações teóricas que deram sustentação e legitimidade às políticas voltadas à educação brasileira, especialmente no período que antecede o Golpe Civil-Militar de 1964, ainda que algumas dessas orientações tenham sido prolongadas e/ou ressignificadas nos anos subsequentes, em razão de sua sintonia com o projeto ditatorial.

O aporte das ciências sociais

Nos anos 1950/1960, o debate nos meios intelectuais brasileiros – que praticamente não distinguiu modernização e desenvolvimento – formulou explicações sobre o atraso do país e apresentou propostas para as mudanças entendidas como necessárias. A educação e seu papel na promoção do desenvolvimento/modernização passam a ser objetos essenciais de discussão tanto das teorias desenvolvimentistas como das teorias voltadas à modernização. A tal debate deve-se acrescentar o impacto da nova ciência econômica advinda da Cepal,[9] que expunha as influências entre os fatores econômicos e sociais e os sistemas escolares na América Latina. Ciência que passa a embasar muitos e diferentes estudos sobre a educação no período.

Também não se pode deixar de considerar que esse período foi marcado pelo entrecruzamento de abordagens teóricas que, de forma mais ou menos intensa, ofereceram elementos visando à interpretação e à implementação dos projetos de modernização. Lembremos as teorias americanas de modernização que se consolidaram a partir dos anos de 1960, por meio, sobretudo, dos trabalhos de Talcott Parsons (1902-1979) e Shmuel Noah Eisenstadt (1923-2010), entre outros. No que concerne à produção sociológica da América Latina, destaca-se a perspectiva do sociólogo ítalo-argentino Gino Germani[10] (1911-1979), que elaborou um esquema sobre as condições e os pré-requisitos sociais, culturais e institucionais necessários ao funcionamento efetivo da economia moderna, compreendida não apenas em termos econômicos.

É por meio do contexto das preocupações em torno do desenvolvimento e da consolidação de uma sociologia do desenvolvimento que se deve compreender a importância que ganhou a teoria da modernização na produção sociológica do período. No caso brasileiro, não se pode deixar de evidenciar a contribuição para a chamada sociologia do desenvolvimento dos sociólogos Luiz de Aguiar Costa Pinto (1920-2002) e Florestan Fernandes (1920-1995). Suas abordagens se contrastavam com a sociologia da modernização, principalmente de origem norte-americana.[11]

---

[9] Comissão Econômica para a América Latina e o Caribe.

[10] Seu livro *Sociologia da Modernização*, publicado na Argentina em 1969, foi traduzido e publicado no Brasil em 1974.

[11] Merecem destaque duas obras desses sociólogos: de Costa Pinto, *Sociologia e desenvolvimento* (1963), e de Florestan Fernandes, *Mudanças sociais no Brasil* (1960). Também é importante lembrar que, em 1959, o Centro Latino Americano de Pesquisas em Ciências Sociais – CLACS patrocinou o Seminário In-

Como se pode ver, as teorias da modernização sofreram muitas críticas, entre elas estão as dimensões levantadas por Lúcio Kowarick (1938-), cientista político da USP. Segundo Kowarick, essas teorias apoiavam-se numa concepção de mudança social, que buscava inspiração numa análise de cunho eminentemente funcionalista. Na perspectiva dessa análise, a sociedade é normalmente equilibrada e a "mudança num elemento deve, por hipótese, acarretar transformações em outros, provocando uma sequência de ajustamentos recíprocos que mantém o todo social integrado." (KOWARICK, 1977, p. 44-45).

Mas é no contexto de crítica à sociologia da modernização que Florestan Fernandes e Costa Pinto realizam inovações teóricas em uma das mais persuasivas e difundidas hipóteses sobre a mudança social. Florestan Fernandes extrapola o sentido demasiado ordeiro da teorização estrutural-funcionalista da sociologia da modernização por meio das noções de "Dilema Social Brasileiro" e "Capitalismo Dependente". O sociólogo propõe a noção de "capitalismo dependente" como uma categoria sociológica capaz de explicar o regime de classes no Brasil e na América Latina, ou seja, ele percebe esse regime como fator estrutural e dinâmico do subdesenvolvimento econômico, social e cultural. Para Fernandes, o Brasil configurava-se como um caso típico de capitalismo dependente, diferindo amplamente do tipo considerado próprio das sociedades de classe.

Na visão do autor, o capitalismo dependente tem duas faces interdependentes que combinam elementos arcaicos e modernos e elementos externos e internos à sociedade, pois

> quanto mais se aprofunda a transformação capitalista, mais as nações capitalistas centrais e hegemônicas necessitam de "parceiros sólidos" na periferia dependente e subdesenvolvida [...], já que, depois da Segunda Guerra Mundial, ao entrar numa era de luta pela sobrevivência contra os regimes socialistas, tais nações passaram a depender das burguesias nacionais das nações capitalistas dependentes e subdesenvolvidas para preservar ou consolidar o capitalismo na periferia. (FERNANDES, 1975, p. 294)

---

ternacional sobre Resistências à Mudança: Fatores que Impedem ou Dificultam o Desenvolvimento. Esse Seminário objetivava promover conjuntamente com pesquisadores latino-americanos e estudiosos do tema a elaboração de uma sociologia do desenvolvimento que ampliasse a discussão vigente atrelada às propostas da Cepal. Foram encomendados papers a Florestan Fernandes, Gino Germani, Wrigth Mills, Jacques Lambert, entre outros. Todos direcionados à questão do desenvolvimento no terceiro mundo.

Em outras palavras, a compreensão sociológica do processo de modernização precisa conciliar passado com presente e não visar à superação do primeiro em prol do último. Somente por meio dessa conciliação será possível dar conta do caráter estrutural do subdesenvolvimento e da orientação autocrática da sociedade brasileira.

Tal como Florestan Fernandes, Luiz Costa Pinto foi outro sociólogo que participou dessa "reinvenção" da sociologia da modernização. Integrante de um grupo de sociólogos latino-americanos que já gozavam de reconhecimento em seus países, Costa Pinto participou de um processo de internacionalização da sociologia que tinha como orientação a necessidade de responder aos interesses regionais.

Dessa perspectiva, Costa Pinto produziu uma sociologia ancorada nos problemas sociais brasileiros, mobilizando determinadas interpretações conceituais construídas com base em características próprias aos países subdesenvolvidos. Podemos destacar, especialmente, o conceito de "marginalidade estrutural", aplicado às sociedades latino-americanas que, naquele momento, se mostravam "em ritmo acelerado de transformação" ou, nos termos do autor, em processo de "transição social" (COSTA PINTO, 1970, p. 37). Entre as características dessas sociedades, merecem destaque, segundo ele: a) a coexistência, no interior da estrutura social em transição, do residual e do emergente; b) as relações – de acomodação ou de conflito – que se estabelecem, dentro dessas sociedades, entre o novo e o arcaico, relações em que consiste a própria rotina de transição; e c) finalmente, o fato de que o padrão que cronologicamente é novo não contém necessariamente as soluções pertinentes para os problemas gerados pela permanência do arcaico, o que configura uma situação de crise simultânea de dois padrões (COSTA PINTO, 1970).

Assim, ao dar ênfase à condição de marginalidade estrutural em que se encontravam os países latino-americanos, Costa Pinto defende a função do Estado como "agência líder no processo e desenvolvimento nacional", sendo a planificação necessária para o sucesso das ações. Desse modo, segundo ele, "a função do intelectual, nessas sociedades em transformação, não é governar. É indicar aos governantes a problemática e os instrumentos de governo, quer os governos aceitem ou não, convencidos de que corretos, mesmo que os governos se obstinem em não ouvi-los, a nação, tarde ou cedo, há de escutá-los." (COSTA PINTO, 1970, p. 88).

Como vimos, Costa Pinto e seus colegas intelectuais latino-americanos formavam uma *intelligentsia* própria da região, voltada à construção de conceitos sociológicos também próprios para pensar os problemas específicos dos chamados países periféricos. Nessa perspectiva, até mesmo o entendimento acerca de conceitos já consagrados era discutido, repensado e reelaborado. Esse foi o caso, por exemplo, dos termos modernização e desenvolvimento. São os sentidos atribuídos por Costa Pinto a estes dois termos que mais nos interessam neste momento.

Segundo ele, o termo desenvolvimento se referia ao conjunto de

> transformações intencionalmente introduzidas em diferentes esferas e setores daquelas sociedades nacionais que se atrasaram em relação ao ritmo de avanço da 'revolução industrial' dos tempos modernos, com o objetivo expresso de transformar a sua própria estrutura, a fim de atender crescentes e legítimas aspirações de suas populações e assim, superar, em prazo curto, os índices de atraso que caracterizam a sua posição na sociedade internacional. (COSTA PINTO, 1970, p. 14)

De maneira distinta, a modernização aparecia como um processo mais superficial, que consistia "sobretudo na adoção de padrões de consumo, de comportamento, de instituições, valores e ideias características das sociedades mais avançadas, sem importar necessariamente em transformação de estrutura econômica e social", ou, em outras palavras, "a modernização [representava] uma transformação de fora para dentro, enquanto o desenvolvimento [consistia] em mudanças de dentro para fora" (COSTA PINTO, 1970, p. 21).

Mas que lugar foi atribuído à educação por essas abordagens? Costa Pinto a vê como elemento fundamental tanto para a modernização quanto para o desenvolvimento. Concebe a educação como "multiplicação de quantidade de necessidades e o refinamento da qualidade delas. Tanto mais educado o indivíduo tanto maior é o número de suas necessidades e mais exigente ele se torna na seleção dos meios de satisfazê-las" (COSTA PINTO, 1970, p. 108). Em outros termos, a educação se faz necessária, uma vez que uma "sociedade em desenvolvimento exige desenvolvimento da estrutura social, para atender às novas e crescentes exigências de homens cada vez mais educados" (COSTA PINTO, 1970, p. 114).

A partir de outra perspectiva, mas não muito diferente da anterior, Florestan Fernandes alerta para o fato de que os problemas educacionais brasileiros somente poderiam ser resolvidos por meio de uma mudança educacional organizada. Segundo ele, a cooperação entre educadores e cientistas sociais seria indispensável; os últimos deveriam esclarecer seus pontos de vista sobre a situação educacional brasileira e sobre sua responsabilidade no projeto de reconstrução educacional.

O sociólogo passa então a se dedicar intensamente à análise do "dilema educacional brasileiro" no período compreendido entre os anos de 1958 a 1962, publicando em vários periódicos e jornais inúmeros trabalhos, posteriormente reunidos na obra *Educação e Sociedade no Brasil*, disponibilizada ao público em 1966. Nessa obra, Fernandes procura desnudar as circunstâncias que impediam o florescimento de uma política educacional adequada à modernização da sociedade brasileira. Em muitos dos seus artigos estão indicados não somente a natureza dos papéis intelectuais do educador mas também os problemas inerentes à elaboração e aplicação da Lei de Diretrizes e Bases (1961), que naquele momento estava em discussão e aprovação.

Para Fernandes, os países subdesenvolvidos são os que mais dependem da educação "como fator social construtivo". O papel da educação para o desenvolvimento econômico e o progresso social consistia, portanto, em "mobilizar o elemento humano e inseri-lo no sistema de produção nacional". Para tanto seria necessário alargar o horizonte cultural do homem, "formar novos tipos de personalidade, fomentar novos estilos de vida e, incentivar novas formas de relações sociais, requeridos ou impostos pela gradual expansão da ordem social democrática" (FERNANDES, 1966, p. 351). O sociólogo se mostra convencido de que a solução dos problemas brasileiros não se daria tão somente pela solução dos problemas educacionais, mas estes certamente eram "condição *sine qua non* para que tais problemas se [resolvessem] de fato" (FERNANDES, 1966, p. 353). Enfim, o desenvolvimento econômico e o progresso social não seriam atingidos sem o preparo do povo brasileiro para essa complexa tarefa.

O que dizem os pesquisadores

A efetivação de um projeto de pesquisa a muitas mãos representa sempre um desafio teórico-metodológico considerável, especialmente quando se trata de compreender, como lembra Bourdieu (1993), a estrutura de um espaço social que se manifesta nos contextos mais diversos, sob a forma de oposições espaciais, e exprime hierarquias e distâncias sociais, sob formas mais ou menos deformadas das estruturas mentais. Ou seja, não existe uma única chave para compreender as múltiplas apostas feitas pelos atores sociais na modernização.

Ao examinar os textos que compõem os quatro volumes que integram até aqui o referido Projeto, voltados para a modernização da educação brasileira, no geral, e catarinense, em específico, constatamos que algumas relações são priorizadas, a saber: a educação e a modernização do mundo rural; a educação e o aporte científico; a educação e as medidas desenvolvimentistas e transnacionalistas.

A educação e a modernização do mundo rural

Dois artigos de Elaine Aparecida Teixeira Pereira se dedicam a explicitar o projeto modernizador destinado à educação rural. No primeiro texto, de 2014, intitulado *Modernizando 'o arcaico': discursos sobre a formação de professores para o meio rural (anos de 1950)*, a autora analisa discursos centrados na formação de professores para as escolas primárias das zonas rurais, especificamente aqueles produzidos no contexto do Projeto de Reconstrução Educacional de Anísio Teixeira, durante sua permanência na direção do Inep. Pereira observa que a pesquisa socioeducacional respondia a expectativas voltadas ao planejamento e à implementação de determinadas ações consideradas indispensáveis à modernização.

A educação rural, vista como um problema, está no centro da agenda desses pesquisadores, devido à constatação de que os "cursos rurais" se constituíam entrave a uma organização adequada da escola brasileira. Lourenço Filho, assim como José Roberto Moreira, é chamado a se engajar na desafiadora tarefa de pensar a formação, seleção e atuação dos professores nas escolas rurais.

Pereira constata, ao final de sua reflexão, que esse momento da pesquisa é marcado por um processo de cientifização do campo educacional brasileiro, tendo como referência fundamental contribuições reflexivas inscritas nas Ciências Sociais. Está em jogo tanto a problematização da realidade educacional quanto a busca de soluções, particularmente para a questão da formação de professores para a educação rural.

No segundo texto, intitulado *Modernização, educação e formação docente* (2016), Elaine Pereira aborda as relações entre educação, modernização e formação docente, tendo como foco as décadas de 1940 e 1950. O empreendimento da autora consistiu em analisar os discursos/ações relativos ao meio rural catarinense, privilegiando os acordos para a construção de prédios escolares, a formação oferecida pelos cursos normais regionais, a formação complementar efetivada por meio de bolsas de estudo para docentes e o plano de reforma educacional elaborado a partir de indicações do Inep.

A autora procurou desenvolver suas reflexões tendo como referências principais as noções de "campo", de Pierre Bourdieu, e de "intelectual", cunhada por Carlos Eduardo Vieira. A preocupação em promover uma análise enraizada no seu tempo, justifica, segundo a autora, o aporte de Quentin Skinner, para quem os discursos estão "imbricados ao arcabouço teórico, ideológico e linguístico de seu contexto".

É essa perspectiva relacional que é mobilizada para compreender a noção de modernização, fortemente presente no debate educacional dos anos 1940 e 1950, como vimos. Ou seja, trata-se de uma proposta de modernização, utilizada como bandeira, vinculada à promoção do desenvolvimento econômico, político e social; perspectiva que definia a função social da educação escolar, em geral, e da escola rural, em particular.

Certamente, a chamada "tradição rural brasileira" se colocava na contramão do projeto modernizador, que contara com forte adesão dos intelectuais, considerados os verdadeiros intérpretes das necessidades do povo. Ao analisar os discursos que moveram o debate a época, Pereira observa que os professores figuravam como atores sociais (e profissionais) líderes na modernização do meio rural. Ora, essa função social, de caráter moralizante, atribuída aos docentes somente poderia ser levada a efeito se estes abraçassem a "missão" que possibilitaria a transformação do rústico, do arcaico, do atrasado, em moderno, educado, civilizado.

O terceiro texto, de Leonardo Ribeiro Gomes (2014), cujo título é *O jovem dos Clubes 4-S como elemento difusor da modernização das práticas agrícolas em Minas gerais nas décadas de 1950 e 1960*, apresenta um estudo sobre uma das ações do Extensionismo Rural em Minas Gerais. O autor observa que estava em perspectiva naquele momento a racionalização da produção, vislumbrada como técnica, científica e neutra. De inspiração norte-americana, os tais clubes se propunham a "saber, sentir, saúde e servir", os 4-S. Gomes constata ainda que o objetivo desse projeto era suplantar o atraso das áreas rurais, visando constituir um meio rural moderno onde "reinaria a técnica e a eficiência produtiva". Ou seja, o foco do projeto modernizador praticamente se limitou ao "domínio da técnica", o que supunha, segundo o lema do projeto, "progredir sempre".

A educação e o aporte científico

Sobre a importância de se aprimorar o olhar quando se trata da educação, dois textos se tornam centrais. O primeiro, *Educação e modernização no pensamento de Sílvio Coelho dos Santos em Santa Catarina na década de 1960*, de Marilândes Mól Ribeiro de Melo (2012), volta-se às concepções sobre essa relação – educação/modernização – presentes no pensamento de Coelho dos Santos. É o interesse do intelectual pelo lugar da educação pública na construção do espaço público brasileiro que instiga a autora. As referências mobilizadas para a construção da reflexão partem de algumas das obras desse pensador, notadamente aquelas que focam diretamente a educação em Santa Catarina. Assim, a perspectiva adotada para a construção do artigo parte da contextualização político-partidária do período e sua relação com a elaboração de planos visando o desenvolvimento do Estado.

É sobre o "tradicionalismo", entendido como resultado de uma política clientelista, que recai a crítica, uma vez que este aparece como ameaça às mudanças visadas, as quais faziam grande aposta na "potencialidade dos recursos humanos". Por essa razão, a relação entre educação e desenvolvimento, que dá sustentação ao projeto modernizador, supõe uma compreensão científica das situações que caracterizavam a realidade educacional da década. Somente a partir dessa compreensão seria possível superar as práticas improvisadas aplicadas à solução dos problemas educacionais, substituindo-as por uma planificação sistemática, única capaz de promover a integração e a harmonização numa sociedade cada vez mais complexa, na qual persistiam as "velhas" mentalidades.

Já o segundo texto, também de Marilândes Mól Ribeiro de Melo (2016), *"Colóquios estaduais sobre a organização dos sistemas de educação" (CEOSE): lócus para pensar a orientação do planejamento educacional no Brasil nas décadas de 1950/60*, se propõe, com base nos respectivos colóquios, a "analisar a contribuição da missão técnica internacional para a orientação do planejamento educacional no Brasil". A autora destaca a importância das "missões", viabilizadas por meio do trânsito intenso de *experts* da Unesco, inclusive em Santa Catarina, com o objetivo de promover o planejamento educacional.

Melo constata que a LDB 4.024/1961 está no centro de interesses dos CEOSE,[12] no que concerne principalmente à descentralização da política educacional brasileira, o que supunha promover e regular a autonomia dos sistemas estaduais de educação. Desses colóquios, surgiram propostas técnicas consideradas inovadoras para o campo educacional, cuja função era levantar os aspectos que poderiam comprometer o projeto modernizador. Ou seja, estava posta a necessidade de pesquisas, de caráter diagnóstico, sobre a realidade educacional brasileira e do estado catarinense, como base para a intervenção na estrutura educacional.

---

[12] Colóquios Estaduais sobre a Organização dos Sistemas de Educação.

A educação e as medidas desenvolvimentistas e transnacionalistas

Como característica do contexto da época, pode-se destacar o esforço no sentido de relacionar modernização com transnacionalização, tema objeto de três artigos apresentados nos volumes da coleção.

O primeiro, de Maria das Dores Daros (2012), cujo título é *Desenvolvimentismo e políticas educativas no Brasil nos anos 1950-1960: transnacionalização e modernização*, aponta para a importância da discussão sobre a educação para o desenvolvimento nacional na elaboração das políticas educacionais do período. Fica patente em sua pesquisa a força das recomendações das Conferências Internacionais de Instrução Pública, ocorridas entre 1946 e 1962. Daros observa que a transnacionalização sempre esteve relacionada à modernização e à globalização, o que se torna evidente quando se percebe a força e a legitimidade das organizações internacionais, cuja natureza é supranacional.

Vale assinalar, nos termos da autora, que se trata de uma modernização que supõe a internalização das qualidades empresariais, a aceitação de novas ideias, a existência de habilidades técnicas. Nesse processo, à educação é atribuído um lugar bem definido: preparar para o "novo marco normativo da sociedade".

Já no texto *Desenvolvimentismo e transnacionalização na discussão educacional no Brasil dos anos 1950 e 1960*, também de Maria das Dores Daros (2016), utiliza-se como chave de leitura uma das tradições interpretativas em vigor na época abordado, o "nacional-desenvolvimentismo". O objetivo da autora é "compreender e discutir a presença das lógicas transnacionais no debate educacional brasileiro" do período. Sua reflexão enfatiza, sobretudo, o lugar que a escola ocupa nesse projeto de modernização, o que se efetiva por meio de pressões visando ao desenvolvimento da escola de massas. Ao perspectivar a "mudança social", fica patente a função social que a escola deveria exercer na difusão dos valores burgueses, na circulação dos capitais e dos produtos e no aumento do consumo. Ou seja, ao impulsionar o *desenvolvimentismo* brasileiro – que definia o ideal modernizador –, os organismos internacionais, principalmente a UNESCO[13] e a Cepal, redirecionam o papel do Estado, colocando-o a serviço da promoção acelerada do crescimento econômico.

A autora conclui que "as pautas transnacionais sobre a educação foram construídas também com a colaboração de técnicos e intelectuais brasileiros", demons-

---

[13] Organização das Nações Unidas para a Educação, a Ciência e a Cultura.

trando que o projeto "nacional-desenvolvimentista" esteve em sintonia com as propostas modernizadoras defendidas no plano internacional, estando na pauta dos compromissos assumidos pelo Estado brasileiro com esses organismos.

No terceiro e último texto, *A educação no debate do desenvolvimento: as décadas de 1950 e 1960*, a autora Maria do Carmo Xavier (2012) revela a centralidade das noções de desenvolvimento e subdesenvolvimento, de industrialização e escolarização nos projetos voltados à reorientação das políticas de Estado para o sistema escolar.

Xavier assinala tratar-se de "uma sociedade em trânsito", tendo como base dados estatísticos sobre a configuração da população brasileira no período. A conexão entre progresso e desenvolvimento aparece claramente nos diferentes planos e metas implementados sob os auspícios da ideologia nacional-desenvolvimentista. Outras conexões também foram evidenciadas pela autora: indústria como cultura, escola como mudança, industrialização e renovação cultural, escolarização e racionalização. Com base na análise dessas conexões, a pesquisadora conclui que as reflexões de pensadores como Álvaro Vieira Pinto e Anísio Teixeira sobre o lugar da escola no desenvolvimento explicitam o tipo de repertório analítico da economia política, o qual foi apropriado como verdadeiras "caixas de ferramentas".

RESUMINDO...

Os resultados apresentados pelas pesquisas explicitam, de maneira recorrente, a ideia do moderno, da modernidade e da modernização como aquela que embalou, justificou, compreendeu e compôs a escola brasileira, desde os Oitocentos até os anos da Ditadura Civil-Militar. O ideal de modernização estava na formação física, cívica e moral; na formação do cidadão republicano e, em tempos mais recentes, de um cidadão pronto para o mercado de trabalho e para a vida urbano-industrial.

A ideia de novo, de moderno, de desenvolvimento estabelece uma relação simbiótica, quase umbilical, com a educação, como elemento de retórica para se opor aos tempos de outrora. Cabia à educação escolar lançar novos horizontes, identificados com um projeto capitalista incipiente, no século XIX, e com um projeto capitalista em curso, no século XX. A escola preconizada trazia na sua concepção o que havia de mais avançado, de mais novo... Porém, em algum momento do século XX, esse horizonte tornou-se perdido, e aqui começam os maiores desafios para todos nós pesquisadores. Quando a representação predominante da escola passa a ser a de uma instituição social pouco adaptada aos avanços tecnológicos, distanciada dos projetos de modernização, ela se torna incapaz de subverter a ordem social e política, por vezes marcada por práticas fortemente autoritárias. A escola não conseguiu, ou não se organizou para isso, acompanhar os movimentos sociais, não foi capaz de responder às suas demandas, não soube incorporar as experiências democráticas e as modernas práticas de cidadania.

No entanto, a crença na mudança social, tal como pensada por Florestan Fernandes, por exemplo, e assumida por Anísio Teixeira e sua equipe, esteve presente no Inep, com a criação do Centro Brasileiro de Pesquisas Educacionais, e nos Centros Regionais nos anos de 1950 e 1960. Para Anísio, "não se trata, como se vê de um simples planejamento imediato da educação nacional, mas da introdução do espírito objetivo de pesquisa no estudo de nosso sistema educacional, a fim de habilitá-lo a adaptar-se a reconstruir-se em face das transformações por que vêm passando a sociedade e o País" (TEIXEIRA, *apud* LEITE FILHO; SANTOS; GOUVEIA, 2008, p. 50).

O Inep, mais especificamente o Programa de Reconstrução Educacional, adotou uma perspectiva de modernização/desenvolvimento da educação no Brasil vinculando pesquisa e planejamento educacionais. Uma educação planificada, baseada no espírito científico era entendida como sinônimo de modernização educacional no Brasil dos anos de 1950 e 1960. Hoje, a escola muitas vezes representa o arcaico, apesar dos gigantescos esforços feitos na direção de colocá-la à frente do seu tempo. Do ponto de vista social, sua principal função, historicamente diferenciadora, permanece centrada na difusão e na reprodução de valores das camadas privilegiadas social e culturalmente. Embora a escola tenha se preparado para responder às demandas do mercado, um mercado que em razão das suas características e dos seus fins se mostra excludente, as lutas históricas a têm colocado como uma das instâncias combativas.

Na contramão dessas lutas, o Estado brasileiro tem se revelado incapaz de sustentar um projeto educacional comprometido com a sociedade brasileira na sua totalidade. Nosso Estado vem a cada dia se retraindo em relação à educação escolar, mesmo antes de ter proporcionado a igualdade de oportunidades que compõe os princípios da legislação educacional estabelecidos e confirmados ao longo do século XX. Como acompanhar os avanços tecnológicos sem recursos financeiros? Como capacitar professores para o uso de recursos tecnológicos que nem sempre estão disponíveis nas escolas? Cabe abrir um parêntese aqui: os professores de escolas públicas são também os mais penalizados monetariamente falando, com salários que não lhes dão condições de acompanhar a modernidade tecnológica. Por si só, o professor tem sido visto, cada vez mais, como um sujeito arcaico, atrasado, aquele que não muda..., que não tem respostas às demandas da juventude, que nada tem a oferecer para o futuro do país.

Se a modernidade escolar pode ser identificada como uma meta e um fato em alguma medida, também pode ser observada como processo e, acima de tudo, como retórica. É isso que nos mostra os estudos sobre o século XIX e XX. Por fim, cabe perguntar: A escola modernizou o Brasil?

Sobre a produção acerca de intelectuais brasileiros no programa "Moderno, Modernidade e Modernização"

Juliana Cesário Hamdan
Raylane Navarro Barreto

INTRODUÇÃO

São 23 autores, 1.071 páginas divididas em quatro volumes que totalizam 52 capítulos assim distribuídos: vol. 1: 11 capítulos; vol. 2: 16 capítulos; vol. 3: 12 capítulos; e vol. 4: 13 capítulos. Desse total, 20 são dedicados a estudos que envolvem intelectuais, somando 363 páginas, dedicadas especificamente a 21 intelectuais que se dedicaram, direta ou indiretamente, à educação, a saber: Bernardo Guimarães (1825-1884), Monteiro Lobato (1882-1948), Lourenço Filho (1897-1970), Henrique Fontes (1885-1966), Oswaldo Cabral (1903-1978), Sílvio Coelho dos Santos (1938-2008), José Francisco da Rocha Pombo (1857-1933), Tavares Bastos (1839-1875), Lúcio José dos Santos (1875-1944), Aurélio Pires (1862-1937), Primitivo Moacyr (1869-1942) [2], Tobias Barreto de Menezes (1839-1889) [2], Miguel do Sacramento Lopes Gama (1791-1852), Garcia Mérou (1862-1905), Carneiro Leão (1887-1966), Orestes Guimarães (1871-1931), João Roberto Moreira (1912-1967), Fernando de Azevedo (1894-1974), Sérgio Buarque de Holanda (1902-1982), Plínio Barreto (1882-1958) e Alberto Torres (1865-1917).

Consideramos que, ao atentar sobre os modos de atuação de tais intelectuais, os autores desses quatro volumes que reúnem parte da produção do Programa de Pesquisa *Moderno, Modernidade, Modernização: a educação nos projetos de Brasil – séculos XIX e XX* (*PMMM*), contemplaram, em alguma medida, ideias, argumentos, aplicações, relações com outros sujeitos e a própria legitimidade na condição de intelectual de cada um desses sujeitos, o que se constituiu por meio de combinatórias de análises e interpretações. Isso porque dois dos objetivos do projeto/programa são: a) identificar e analisar as sociabilidades, a ambiência cultural, as interlocuções, as tensões presentes nos debates e entre debatedores; e b) operar com os conceitos de "intelectual", buscando recontextualizá-los com base no objeto da pesquisa.

Nesse sentido, e com vistas a contribuir para a formulação de uma possível teoria sobre o lugar da intelectualidade brasileira na construção da esfera pública, os 23 autores explicitaram uma série de contextos em que os modos de atuação ganham destaque e legitimam o trabalho intelectual. A ideia central do grupo é contribuir com teorizações que envolvam intelectuais que se ocupem do campo da educação, embora sem desconsiderar outras atuações que os legitimem. Vale ressaltar que um dos pressupostos sobre o qual os autores assentaram suas análises é o de que "múltiplos e complexos, os processos históricos verificados no Brasil vêm sendo forjados na descontinuidade de ideias e de projetos, indicando sua falta de racionalização e a polissemia de suas abordagens" (CARVALHO, 2012, p. 31). Nesse sentido, anunciar e analisar como e em quais sentidos cada um dos intelectuais brasileiros abordados atuaram, foi o meio de revelar, senão o de pensar, o Brasil. Ainda que por meio de uma pequena mostra, foi possível trazer à tona as formas de manifestação na cena pública de personagens da história brasileira que tiveram a atuação destacada e que, de algum modo, incidiram nos destinos e/ou na interpretação da educação do país.

Com vistas a entender como cada um dos autores dos capítulos analisou teoricamente o modo de atuação dos intelectuais em foco neste artigo, buscamos responder às seguintes indagações: Quais objetivos os autores tiveram ao pesquisar os intelectuais nomeados? Quais temáticas foram abordadas? Quais as fontes utilizadas? As fontes seriam suficientes para responder sobre os modos de atuação? Quais os modos de atuação mais específicos e que os compuseram como um intelectual? E, por último e não menos importante, como tais nomes e atuações foram tratados teoricamente? Com tais perguntas destrinchamos os 20 capítulos e, entre as principais aprendizagens, podemos afirmar que os objetivos de cada autor, embora tivessem por princípios os protocolos do projeto de pesquisa, foram direcionados a questões muito diversas, bem como às possibilidades de problematização das fontes disponíveis e suas capacidades de respostas.

Nesse sentido, os objetivos giraram em torno da atuação do intelectual ou mesmo de alguma obra da qual se pôde extrair ideias acerca da modernização do país, preferencialmente na perspectiva educacional. Percebemos também que os debates acerca de concepções de educação, escola primária, instituições nacionais, população, desenvolvimento e espaço público foram destacados como sendo atribuição de intelectuais. O modo como pensaram o Brasil, como interpretaram o Brasil social e culturalmente, a organização da sociedade e o papel da educação também foram objeto de análises. Houve ainda quem se dedicasse a entender o tema instrução em uma obra intelectual e quem se dedicasse a entender a legitimação do poder político intelectual por meio da atuação e do reconhecimento pelos seus pares. Soma-se a esses o interesse de descortinar como o intelectual atuava dentro de um "espaço de experiência e de um horizonte de expectativa" e como se compunham as críticas e os repertórios que se arregimentavam em prol delas, ou ainda, como são criadas associações e/ou instituições em torno das ideias de um intelectual.

Os léxicos de moderno, modernidade e modernização também foram analisados nos discursos de intelectuais, assim como as sociabilidades, a ambiência cultural, as interlocuções e as tensões presentes nos debates em que participaram, para além de como utilizaram a imprensa em prol da divulgação de ideias. A análise de uma obra, de discursos modernizadores ecoados pelos livros didáticos e de atuação política também foram enfocadas. A imagem construída e divulgada sobre o Brasil também foi objeto de estudo, além de como esses intelectuais contribuíram para a construção do campo da educação. Isso porque o que interessou e pontuou as escolhas dos pesquisadores do *PMMM* foi justamente o duplo educação e moderno/modernidade/modernização.

OBJETOS E FORMAS DE EXPRESSÃO

Todos os 20 capítulos publicados nos quatro volumes da Coleção *MMM* (2012, 2014, 2015 e 2016) escolheram como objeto de estudo sujeitos que tiveram uma atuação na cena política e que, em alguns casos, de maneira frontal, e em outros, de maneira tangencial, contribuíram para o debate público educacional no Brasil, sobretudo, a partir do Império. O que se pôde perceber é que tais sujeitos/objetos, de modo geral, tinham em vista diagnosticar a realidade social, política, cultural e econômica do país, com o objetivo de colocá-lo nos trilhos da modernidade, mesmo considerando que as ideias sobre o que seriam esses trilhos divergissem em muitos casos.

Nesse sentido, os sujeitos estudados em cada um dos capítulos, na condição de objetos, foram abordados com base nas principais formas por meio das quais se expressaram,[1] ou seja, nas análises dos articulistas eles foram conjugados com outros objetos, que também tornaram-se, por isso mesmo, foco das análises realizadas. Essa operação historiográfica que considera sujeito-ideia-ação-produto contemplou o objetivo de explicitar as concepções, formas e atuações do que podemos considerar como expressões das noções de moderno, modernidade e modernização, nos respectivos contextos históricos. Isso porque a produção intelectual não pode ser considerada como alheatória. Quando, por exemplo, um sujeito escolhe explicitar seu pensamento por meio da publicação de um romance, essa escolha não deve ser desconsiderada, pois tal produto é, também, um dos relevantes aspectos que podem qualificar a ação desse sujeito como sendo um intelectual. Dessa maneira, tanto o sujeito como o romance – que poderia ser um projeto de lei, um livro, uma peça teatral ou mesmo um poema, entre outras produções – podem ser considerados objeto de análise intelectual.

Nessa linha de raciocínio, inferimos pelo menos três consequências dessa operação historiográfica de abordar os distintos objetos de forma conjugada. Uma positiva – o modo como os objetos dos estudos foram compostos, agregando os sujeitos e as respectivas formas de expressão –, que tornou as análises mais densas, possibilitando a ampliação da compreensão das questões propostas, na medida em que alcançam outros espaços que podem ser historicamente reconhecidos, tais como: a repercussão da obra no seu tempo, debates com outros sujeitos, tensões e atuações os sujeitos no espaço público. E duas consequências negativas: a primeira é que parte dos trabalhos não enfrenta a(as) forma(as) de expressão escolhida(as) de modo específico, ou seja, o que significaria se expressar por meio de livros, jornais, panfletos, obra de literatura, entre outros, nos respectivos contextos históricos? Desse modo, o estudo acerca do objeto que foi conjugado ao sujeito fica, muitas vezes, nas bordas das possibilidades que essa articulação possibilita. E a segunda é a falta de delimitação precisa entre o intelectual e o produto de suas ideias e ação. Em outras palavras, em alguns artigos há uma certa indistinção entre o que poderia ser considerado, por nós, como objeto agregado.

Nos 20 artigos aqui contemplados, no que se refere às maneiras sobre como os intelectuais abordaram a questão educacional no espaço público, considerando que os "sujeitos-objetos" são apreendidos na forma composta com os respectivos objetos agregados, podemos organizá-las de três formas, basicamente. Na primeira, o autor

[1] Não estamos, com isso, afirmando que esses sujeitos estudados se manifestaram apenas por um meio ou outro. Estamos nos referindo aos objetos recortados para os respectivos capítulos aqui em foco.

depreende aspectos que dialogam com a questão educacional a partir da apropriação que faz dos objetos agregados, fruto da sua ação analítica, e que não aparece de modo explícito, sendo o capítulo, portanto, de caráter preponderantemente interpretativo. Na segunda forma, o autor apresenta o sujeito em foco e a questão educacional aparece de modo literal em suas obras, mas é ainda tangencial nos discursos, isso porque o foco dos sujeitos-objetos é o entendimento acerca dos problemas de interpretação e modernização do país, para o qual a educação ocupa um lugar importante, mas como um meio. E, por fim, na terceira, a questão educacional aparece de forma explícita e tem centralidade nos discursos dos sujeitos. Isso porque é concebida como a questão central a partir da qual a modernidade ou a modernização do país seria possível. A Tabela 1 a seguir mostra a distribuição dos artigos de acordo com essas três formas, por meio das quais a educação é debatida por cada um dos sujeitos estudados.

Tabela 1 – Recomendações de política de distribuição de vagas na universidade com base nas principais posições normativas

<table>
<tr><th>Nº</th><th>Formas</th><th>Objetos/sujeitos pesquisados</th><th>Objeto explorado por cada intelectual abordado</th></tr>
<tr><td rowspan="5">01</td><td rowspan="5">Forma Explícita com Centralidade</td><td>1 - Henrique Fontes e Oswaldo Cabral</td><td>Práticas pedagógicas para a infância nas décadas de 1920 e 1930</td></tr>
<tr><td>2 - Sílvio Coelho dos Santos</td><td>Educação e desenvolvimento em Santa Catarina na década de 1960</td></tr>
<tr><td>3 - Primitivo Moacyr (2 capítulos)</td><td>A representação da escola nos debates parlamentares / Potencial político dos intelectuais em relação a outros grupos no campo cultural no final do Império e início da República</td></tr>
<tr><td>4 - Diversos sujeitos membros da SAAT*</td><td>Educação ruralista na década de 1930</td></tr>
<tr><td>5 - Lúcio José dos Santos</td><td>Processo de criação da UFMG entre as décadas de 1920 e 1930</td></tr>
</table>

Nº	Formas	Objetos/sujeitos pesquisados	Objeto explorado por cada intelectual abordado
01	Forma Explícita com Centralidade	6 - Aurélio Pires	Memórias sobre a cultura e a política mineira entre final do século XIX e início do XX
		7 - Carneiro Leão, Orestes Guimarães	Direito dos brasileiros – educação popular nos anos de 1920
		8 - João Roberto Moreira	Participação na construção do campo das Ciências Sociais no Brasil, décadas de 1920 e 1930
		9 - Fernando de Azevedo	Organização e administração da escola a partir da Educação Física no início do século XX
02	Forma Explícita Tangencial	1 - Monteiro Lobato e Lourenço Filho	Formação da criança início do século XX
		2 - Tobias Barreto (2 capítulos)	Educação superior feminina / Educação para o trabalho no século XIX.
		3 - José Francisco da Rocha Pombo	Invasão federalista no Estado do Paraná no final do século XIX
		4 - Tavares Bastos	Instrução no Brasil no século XIX.
		5 - Miguel do Sacramento Lopes Gama	Educação de mulheres no século XIX
		6 - Martín García Mérou	Produção de intelectuais consagrados de/sobre o Brasil nas primeiras décadas do século XX
03	Forma Interpretativa	1 - Bernardo Guimarães	Modelo de honra masculina no século XIX
		2 - Sérgio Buarque de Holanda	Interpretação crítica sobre urbanização, modernização e política nos anos de 1920
		3 - Plínio Barreto	Cultura jurídica no Brasil do século XIX

* Sociedade dos Amigos de Alberto Torres

Como podemos conferir na tabela acima, a maior parte dos capítulos trata de sujeitos que colocaram a educação como um alicerce do qual o processo de modernização brasileiro seria possível, isto é, tratam-na de forma explícita, com centralidade. Nesse sentido, dialogam com outros aspectos históricos presentes nos respectivos contextos, explicitando as formas por meio das quais a educação se configurava e era posta na cena pública, nas mais diversas regiões do país e nos tempos históricos em que atuaram. Na forma explícita tangencial, há a compreensão de que a educação seria um dos aspectos fundamentais para o alcance da modernidade desejada, ainda que conjugada com outros, alguns dos quais igualmente importantes. Já na forma interpretativa, o que se percebeu foi o esforço de identificar, nas entrelinhas dos textos analisados e de autoria de cada intelectual abordado, a presença de questões relativas à educação.

PERIODICIDADE

A análise sobre a periodicidade aqui apresentada considerou uma organização que pode ser chamada de "clássica" na historiografia brasileira. Isso porque os capítulos elaborados, em sua totalidade, conectam-se ao pressuposto, previsto no *PMMM*, de que todos os intelectuais participaram, em seus respectivos períodos, da cena pública e política brasileira, sobretudo dos debates sobre a educação. Por isso explicitam como se deram esses processos, de maneira bastante ampliada e intrincada, situando o debate sobre condicionantes históricos. A Tabela 2 a seguir situa os objetos considerando a data das principais obras publicadas e tomadas como fontes.

Tabela 2 – Periodicidades das fontes

Nº	Período	Sujeitos/Objetos	Total
01	Império 1822-1889	1 - Bernardo Guimarães 2 - Tobias Barreto (2 capítulos) 3 - Tavares Bastos 4 - Plínio Barreto 5 - José Francisco da Rocha Pombo 6 - Miguel do Sacramento Lopes Gama	07
02	Primeira República 1889-1930	1 - Monteiro Lobato e Lourenço Filho 2 - Martín García Mérou 3 - Carneiro Leão e Orestes Guimarães 4 - Sérgio Buarque de Holanda 5 - Primitivo Moacyr (2 capítulos) 6 - Aurélio Pires 7 - Fernando de Azevedo	08
03	República Nova 1930-1945	1 - Henrique Fontes e Oswaldo Cabral 2 - Diversos sujeitos membros da SAAT 3 - Lúcio José dos Santos 4 - João Roberto Moreira	04
04	Estado Novo 1945-1964		0
05	Ditadura 1964-1988	1 - Sílvio Coelho dos Santos	01

Com base na tabela acima, identificamos uma maior incidência dos trabalhos na Primeira República e, em seguida, no Império e na República Nova. Esse fato pode ser associado a uma maior facilidade de acesso a fontes, sobretudo livros, considerando o desenvolvimento da imprensa no Brasil, ou seria apenas uma escolha aleatória por parte dos pesquisadores do *PMMM*? Nesse sentido, identificar objetos-sujeitos, por meio de debates que articulam educação e modernidade no período compreendido entre 1945-1964 parece, ainda, ser um desafio estimulante e estratégico para novas pesquisas e para os objetivos do grupo. Da mesma maneira, ainda que a coleção apresente um trabalho cuja atuação do sujeito se deu no período da Ditadura, seria desejável ampliar as pesquisas como forma de compreender os desdobramentos dos debates educacionais, a partir das tensões entre modernidade e modernização, em um período em que a educação passou por mudanças significativas, sobretudo no campo da moral, do civismo e da educação física.

FONTES/PRODUTO INTELECTUAL

A Tabela 3 abaixo mostra os principais suportes e gêneros textuais tomados como fontes para a apreensão dos pensamentos dos intelectuais sobre educação. Os entendemos na condição de objetos conjugados e como expressão de modernidade e de modernização na cena pública brasileira. Há que se ressaltar que, para alguns artigos, os pesquisadores tomaram mais de uma fonte e que alguns livros, principal fonte de pesquisa de todos os autores, foram compostos de artigos publicados inicialmente em jornais. Vale registrar ainda que consideramos aqui a indicação dos suportes e gêneros feita pelos autores dos capítulos da coleção.

O gênero textual adotado, preponderantemente expresso nas fontes privilegiadas, centra-se em análises diagnósticas da realidade brasileira, nos respectivos contextos, e pode ser considerado, de modo genérica, ensaístico.2 Com relação aos conteúdos, ora partem da análise da realidade mais ampla e consideram a questão educacional como problema e como solução, ora tomam a educação como centralidade, conforme apresentamos na Tabela 1. Mas o que se revelou uma ideia recorrente, e até mesmo consenso em alguns casos, foi a exigência de cada um dos intelectuais analisados de colocar o país nos trilhos da modernidade, em cujo processo a educação seria imprescindível.

[2] "[...] prosa livre que discorre sobre tema/assunto específico (científico, histórico, filosófico ou de teoria literária, etc., sem esgotá-lo, reunindo dissertações menores, menos definitivas que as de um tratado formal [...]. Caracteriza-se pela visão de síntese e tratamento crítico, predominando o discurso expositivo argumentativo. Como ensaio analítico reúne, predominantemente, pontos de análise" (COSTA, 2014. p. 114).

Tabela 3 - Fontes

Nº	Suporte/Gêneros/Fonte	Objetos/Sujeitos
01	Livros de Literatura	Bernardo Guimarães
02	Obras Didáticas	Monteiro Lobato e Lourenço Filho
03	Anais de Conferência e Legislação	Henrique Fontes e Oswaldo Cabral Lúcio José dos Santos
04	Livros de Leitura na Escola	Henrique Fontes e Oswaldo Cabral
05	Livros	Sílvio Coelho dos Santos Tobias Barreto (2 capítulos) Plínio Barreto Primitivo Moacyr (2 capítulos) Diversos sujeitos membros da SAAT José Francisco da Rocha Pombo Tavares Bastos Lúcio José dos Santos Martín García Mérou Carneiro Leão e Orestes Guimarães João Roberto Moreira Fernando de Azevedo
06	Artigos em Jornais ou Revistas	Sérgio Buarque de Holanda Diversos sujeitos membros da SAAT Tavares Bastos Miguel do Sacramento Lopes Gama João Roberto Moreira

Em termos quantitativos, o que pudemos apreender com o mapeamento foi que os livros estiveram presentes como principal tipo de fonte na escolha dos autores, ainda que o gênero predominante fosse o ensaio. Em seguida, os capítulos adotaram como fontes, artigos publicados em jornais e revistas em circulação nos respectivos períodos. Na terceira posição, está a presença de trabalhos que adotam livros de literatura, obras didáticas e livros de leitura na escola e que aparecem uma única vez cada. Por fim, a análise com base em documentos e na legislação está presente, mas ocupa função acessória, geralmente adotada em diálogo com as fontes privilegiadas, no caso, os livros e artigos em jornais.

CONCEITO/CATEGORIAS/NOÇÕES

Embora alguns capítulos não tratem de modo contundente do tema da modernidade, este perpassa por todos os trabalhos, abordado por meio de uma significativa gama de referencial teórico-metodológico sobre a temática. Os autores que mais contribuíram para adensar essa noção, numa perspectiva de apropriação polissêmica e historicamente enraizada, foram: Marshall Berman, Marcus Vinicius Corrêa Carvalho, Reinhart Koselleck, Cyntia Greive Veiga e Sérgio Buarque de Holanda. Isso porque "[...] não se pode deixar de considerar que o conceito de moderno carrega, invariavelmente, a noção de consciência do presente como momento de substancial distinção dos períodos antecedentes. A relação entre antigo e moderno, portanto, é sutil e extremamente matizada" (CARVALHO, 2016, p. 85). Nesse sentido, arrematam Carvalho e Machado (2016, p. 132):

> [...] para a historiografia da educação brasileira, os termos modernidade e modernização estão presentes nas ações discursivas do período, ora se referindo à gestão do Estado, ora como aspiração por uma escola na qual reverberasse a modernidade dos métodos pedagógicos, por vezes simultaneamente.

A diversidade de autores, longe de pulverizar a noção acerca do tema, evidencia sua polissemia, anunciada nas possibilidades de entendimento, com base nas abordagens, e também dos enraizamentos históricos explicitados nos textos. É o caso da noção apresentada por Abreu (2012), sobretudo quando ela associa a ideia de modernidade aos agentes históricos que a defendiam. Segundo a referida autora,

> Costumamos denominar moderno tudo o que está associado ao novo, à racionalidade das ciências e ao que está invariavelmente em oposição a antigo, arcaico e tradicional. A busca pelo moderno nas nações periféricas, como no caso brasileiro, não se limita à tensão, aparentemente contraditória, que hibridiza categorias assinaladas por contrastes como rural/urbano, velho/novo, atraso/progresso, mas também pela tensão gerada na disputa entre os valores sociais, morais e conflitos culturais. Esta procura se materializa, muitas vezes, em projetos empreendidos por intelectuais, pessoas detentoras de um saber privilegiado, que se debruçam sobre as questões de seu tempo, que em discursos refinados e ações, refletem sobre coisas de um saber local. Crendo-se portadores sociais, as analisam por uma visão de mundo própria que procuram traduzir para a população. (ABREU, 2012, p. 109)

Já Hoeller, Silva e Silva (2015, p. 89), ao analisarem "Os deveres das novas gerações brasileiras", de Antonio de Arruda Carneiro Leão, e "Sugestões sobre a educação popular no Brasil" de Orestes de Oliveira Guimarães, além de livros com os quais dialogaram, tais como os de Carneiro Leão e José Veríssimo, argumentam a escolha de Jacques Le Goff (1997) como referencial teórico, pois este

> [...] aborda questões relativas aos conceitos de moderno, modernidade, modernização e modernismo. No tocante ao moderno o autor evidencia o caráter histórico e polissêmico do par antigo/moderno e argumenta que este binômio desenvolveu-se em um contexto complexo. Afirma ele que "[...] cada um dos termos e correspondentes conceitos nem sempre se opuseram um ao outro: 'antigo' pode ser substituído por 'tradicional' e 'moderno', por 'recente' ou 'novo' [...]" e acrescenta que "[...] qualquer um dos dois pode ser acompanhado de conotações laudatórias, pejorativas ou neutras". Ainda segundo o autor, este par – antigo/moderno – e o seu jogo histórico e dialético são gerados entre aquilo que é moderno, no qual a consciência da modernidade nasce do sentido de ruptura com o passado. Antigo ainda se desloca para outros comparativos: modernidade, modernização, modernismo. (LE GOFF, 1997, p. 2 *apud* HOELLER; SILVA; SILVA, 2015, p. 89)

Para além do francês, as contribuições do historiador alemão Reinhart Koselleck também foram notadas e estiveram presentes em pelo menos cinco trabalhos apresentados na Coleção *MMM*. Tal apropriação parece ser relativamente nova no campo da história da educação e pode ser entendida, por um lado, porque explica como a sensação de modernidade, ou o *stimmung*, pode ter sido constituída e também sentida pelos sujeitos analisados. Tal lógica se dá, sobretudo, porque a partir da "[...] era moderna, a diferença entre experiência e expectativa aumenta progressivamente, ou melhor, só se pode conceber a modernidade como um tempo novo a partir do momento em que as expectativas passam a distanciar-se cada vez mais das experiências feitas até então" (KOSELLECK, 2006, p. 314, *apud* BARRETO, 2014, p. 113).

Por outro lado, as formas de apropriação se beneficiaram do entendimento de uma certa maleabilidade temporal, proposta pelo historiador, que confere um maior refinamento nas análises. Isso porque possibilita pensar o sujeito em seu tempo, mas também, e concomitantemente, com a sua relação com o passado e com o futuro, na medida em que a expectativa intervém nos respectivos modos de pensar e de agir. É o caso da análise empreendida para compreender as noções jurídicas de Plínio Barreto, em que os autores adotam as referidas categorias "[...] como ferramenta teórica fundamental. Koselleck assevera que as categorias 'espaço de experiência' e 'horizonte de expectativa' podem servir como ferramenta teórica, uma vez que ao serem manuseadas conceitualmente faz-se tematizar acerca do tempo histórico, pelo entrelaçamento do passado com o futuro (MESQUITA; MENESES; SANTOS, 2014, p. 137).

Hamdan (2014), por sua vez, ao se dedicar à temática da instrução, procurando apreender em qual sentido as abordagens de Tavares Bastos podem ser consideradas modernas, toma como objeto de análise o que fora manifesto por sua linguagem e, com base em Koselleck, a considera

> "[...] um índice a expressar as mutações em curso no mundo social, é também arma imprescindível nos combates que gestam essas mesmas mudanças" e, ainda que "[...] o controle da linguagem se tornou tanto mais urgente quanto maior o número de pessoas que precisavam ser atingidas. Com esse desafio ao controle da linguagem – portanto, também ao controle da consciência e do comportamento – modificou-se a estrutura interna dos conceitos." (KOSELLECK, 2006, p. 15 e 300, respectivamente, *apud* HAMDAN, 2014, p. 124).

No que se refere ao uso do conceito de intelectual, como já insinuado, ao ponderar sobre as teorizações empreendidas, de fato, consideramos que, entre os que não o problematizaram, podemos identificar pelo menos duas perspectivas interpretativas: uma primeira, em que os autores apresentam certa naturalização do conceito, ou seja, o tratam como um pressuposto; e uma segunda, em que os autores não a explicitam, mas essa naturalização fica subjacente na forma como problematizam os objetos e as fontes. Este é o caso de Faria Filho e Roriz (2015), por exemplo, que apresentam os recortes e as seleções de pensadores e pensamentos brasileiros do século XIX efetuados pelo escritor argentino Martín García Mérou para construir o seu "Brasil intelectual", no livro *El Brasil intelectual: impresiones e notas literárias*. Faria Filho e Roriz operam de maneira distinta com o conceito de intelectual, na medida em que buscam identificar e analisar os saberes em circulação e as imagens construídas sobre o Brasil em obras publicadas na Argentina nas primeiras décadas do século XX. Destacam ainda os autores e os recortes utilizados por Mérou e concluem que

> Ao pensar o Brasil por meio de sua literatura é notável o destaque dado, em alguns momentos, a região norte deste país, não se restringindo aos grandes centros intelectuais brasileiros – como o Rio de Janeiro. Assim, para exaltar a enorme contribuição intelectual que o norte teria dado ao país, Mérou comenta que muitos dos grandes pensadores brasileiros são oriundos desta região. Além disso, é no norte que se encontraria "la cepa genuinamente brasileira"; enquanto no sul, a originalidade da raça já havia se perdido em função da grande presença do elemento imigrante. (FARIA FILHO; RORIZ, 2015, p. 84)

De modo similar, Melo (2014) partiu do pressuposto de que Lúcio José dos Santos era um intelectual. Ao se dedicar a analisar o momento de criação da Universidade Federal de Minas Gerais, dando mais atenção ao ano de 1930 e às ações desse professor na Escola de Engenharia, bem como ao seu livro *A minha missão universitária*, a autora explicita o seu envolvimento, o seu engajamento e as apropriações estrangeiras que fez para a implantação da Universidade. Segundo ela:

> *A missão universitária* de Lúcio José dos Santos pode ter sido uma "saída": buscar em outro país o *tipo ideal* de universidade a partir da qual a nova universidade poderia construir suas balizas. Não há dúvida de que o "modelo" situado no *horizonte de expectativas* tinha uma adjetivação: universidade moderna. Entretanto, se a América do Norte, nesse momento, representou essa aspiração, se em seus relatos, Lúcio dos Santos destaca tanto a dimensão moderna dos fins, quanto à modernidade pedagógica das práticas colocadas em movimento na constituição da universidade norte-americana, não é difícil imaginar a "acolhida" de suas sugestões/proposições por parte de seus pares. Provavelmente, assim como constatamos na análise dos métodos de ensino, a

> materialização da primeira universidade mineira tenha sido marcada pela coexistência de aspectos arcaicos/medievais e modernos, sem que isso se constituísse num problema para aqueles que construíram os alicerces dessa construção. (MELO, 2014, p.)

É o caso também de Fonseca (2016) que, ao destacar pensamentos, espaços e instituições que foram relevantes para a reflexão ruralista da educação no começo do século XX, com o objetivo de compreender como a Sociedade dos Amigos de Alberto Torres (SAAT) e a educação rural (1930-1940) tornaram-se um espaço importante para a construção de um determinado imaginário social do país, partiu do pressuposto de que Torres era um intelectual. E, ao articular várias obras e autores em torno do debate da questão da educação rural, legitima o pressuposto com base no historiador José Murilo de Carvalho, em sua obra *A formação das almas: imaginário da República no Brasil*:

> [Murilo de Carvalho] trabalhou com o processo de construção do imaginário republicano, refletindo que: "A elaboração de um imaginário é parte integrante da legitimação de qualquer regime político. É por meio do imaginário que se podem atingir não só a cabeça, mas, de modo especial, o coração, isto é, as aspirações, os medos e as esperanças de um povo. É nele que as sociedades definem suas identidades e objetivos, definem seus inimigos, organizam seu passado, presente e futuro." (CARVALHO, 1990, p. 10, *apud* FONSECA, 2016, p. 156)

Uma categoria que pouco aparece nos artigos e que deve ser explorada de maneira mais significativa é a de "gênero". O debate sobre gênero foi abordado em apenas dois dos capítulos, cujo recorte é o século XIX: o sobre Bernardo Guimarães, que discute a ideia de honra na formação da masculinidade, e no artigo sobre Miguel do Sacramento Lopes Gama, que debate as concepções sobre a educação da mulher, pautada pela religiosidade e pela educação moral. Enquanto no primeiro estudo não há adoção explícita da categoria "intelectual", no segundo, o autor considera seu sujeito um "intelectual", entretanto, sem problematizar o conceito. A preocupação de Zica, autor do texto sobre Bernardo Guimarães, não foi, necessariamente, com o conceito de intelectual, mas em como "[...] considerar que uma revisão de trabalhos que se debruçaram sobre essa temática deve ser lida como um bom indicador do que se passa com os estudos de gênero no campo mais geral da disciplina História da Educação." (ZICA, 2012, p. 75). Opção também considerada por Periotto, autora do texto sobre Lopes Gama, que teve por objetivo "[...] compreender o desempenho da imprensa do século XIX no conjunto de ações volvidas à construção da nação, abarcando desde as ideias alimentadoras do processo até os incrementos voltados à permanência do projeto elitista." (PERIOTTO, 2015, p. 35).

Isso nos chama a atenção, como já anunciado, para o fato de que, se todos os 20 capítulos do livro consideram seus sujeitos como intelectuais, problematizando o produto da ação intelectual, nem todos problematizam, por outro lado, o conceito de intelectual. Vale ressaltar que tal problematização é que garante, em boa medida, não só a apropriação de uma perspectiva lógica mas também a genealogia histórica do conceito, uma vez que, mesmo quando aparece *a priori* nas análises, está articulado aos modos de ser e de agir de cada sujeito estudado. Além disso, a problematização tensiona as possibilidades de atuação dos sujeitos em foco, considerando o poder de transformação em determinado contexto, marcando, de maneira distintiva, as diferenças entre a atuação de outros grupos sociais. O excerto abaixo de Carvalho e Machado (2016, p. 119) chama a atenção para esses aspectos quando, com base em Sirinelli, traz para si a exigência de

> [...] precisar qual é o potencial de poder político dos intelectuais em relação aos outros grupos sociais, assim como compreender os objetivos, as estratégias e as posições ocupadas pelos intelectuais no interior do campo cultural, entendendo-os na perspectiva das diferentes posições e hierarquias entre eles, podendo existir até mesmo *outsiders*. Sirinelli entende o intelectual como produtor de conhecimento e mediador social e nos ajuda a pensá-lo dessa maneira, bem como nos instiga como referência analítica sobre o caminho documental a ser perseguido e os usos das fontes teóricas necessárias para o uso de tal noção.

Nos dois artigos que abordam o pensamento de Tobias Barreto há uma adoção explícita do conceito de intelectual, e é precisamente a problematização deste que articula o sujeito às suas formas de inserção no debate educacional do período. Partindo dessa categoria, as demais formas se articulam, conforme afirma a autora: "[...] o intelectual é entendido como campo e objeto, a história do intelectual é também uma história das ideias, das mentalidades, antropológica e sociológica." (BARRETO, xxxxx). Concluindo a problematização questionando se "[...] suas ideias [de Tobias Barreto] podem lhe colocar no rol dos intelectuais que pensaram a educação no Império brasileiro?" (BARRETO, 2016, p. 111). O conjunto de autores mais frequentemente mobilizados para a análise da categoria "intelectual" inclui Norberto Bobbio, Quentin Skinner, Jean François Sirinelli, Raymond William, Christopher Hill e Edward P. Thompson.

No segundo capítulo dedicado a Tobias Barreto, além do conceito de "intelectual" adotado para a análise, identificamos as categorias "redes de sociabilidades, ambiência cultural, repertório e circulação de ideias" (BARRETO, 2016). Essas categorias são recorrentes como perspectiva de abordagem em diversos capítulos. Diferentemente do conceito de "intelectual", essas noções vêm sustentadas por um debate bibliográfico, por meio do qual são articuladas aos respectivos objetos, potencializando o debate com aspetos da concepção sobre o que tais sujeitos compreendiam sobre a modernidade e a modernização.

De uma maneira pontual, os estudos explicitam, por um lado, como foi que os respectivos sujeitos se apropriaram dos debates em circulação nos períodos e como foram, também, que essas apropriações lhes caracterizam. Por outro lado, também apresentam evidências de como essas categorias têm sido fartamente adotadas por vários estudos no âmbito da história da educação. Sobre isso, Carvalho e Machado (2016, p. 119) deixam claro:

> [...] sobre as sociabilidades concentram sua atenção na lógica de construção e estabelecimento de grupos, postulando interdependência entre a formação de certas redes e os tipos de sensibilidades desenvolvidos nestes locais. Este tipo de abordagem é interessante para o historiador que concentra sua análise sobre os intelectuais, por "permitir uma aproximação das obras dos intelectuais, através do privilegiamento das condições sociais em que foram produzidas, enquanto constitutivas de um certo campo político-cultural"

Como exemplo desse tipo de abordagem, temos os capítulos sobre Aurélio Pires, Sílvio Coelho dos Santos, Primitivo Moacyr, Tavares Bastos e João Roberto Moreira. Os autores mais recorrentemente mobilizados para o debate sobre as categorias acima relacionadas são os franceses François Sirinelli e Serge Gruzinski e os brasileiros, Ângela de Castro Gomes, Ângela Alonso e Bernardo Ricupero.

Sirinelli sai na frente por considerar o campo intelectual "[...] um campo autônomo que, longe de se fechar sobre si mesmo, é um campo aberto, situado no cruzamento das histórias política, social e cultural" (SIRINELLI, 2003, p. 232), como considerou Paula (2014, p. 147) ao analisar as publicações de Aurélio Pires no jornal *O Movimento*:

> Tratando dos intelectuais, Sirinelli argumenta que esses sempre foram um grupo social de contornos vagos. Todavia, expõe alguns caminhos para o estudo dos mesmos. Para ele, é indissociável o estudo dos intelectuais da questão do poder, qual seja, "teriam esses

intelectuais, em uma determinada data, influído no acontecimento?" (SIRINELLI, 2003, p. 235). Além disso, é necessária a compreensão de como as ideias chegam aos intelectuais e por que uma ideologia torna-se dominante numa determinada data (SIRINELLI, 2003, p. 236). O que, porém, considero mais importante na discussão proposta por Sirinelli é o apontamento quanto às estruturas de sociabilidade, a construção de redes entre os intelectuais e de lugares que eles compartilham, como as redações dos jornais. Esse é um dos aspectos trabalhados em minha pesquisa sobre Aurélio Pires.

Taborda de Oliveira (2014) que traz à cena análises e interpretações de um objeto empírico, o livro *Para a História: notas sobre a invasão federalista no Estado do Paraná (de 1989)*, de José Francisco da Rocha Pombo, as faz com base nos ingleses Edward Thompson e Raymond Williams. Ao indagar sobre o papel e o lugar do intelectual na história, com base na referida produção, o autor assim sintetiza:

> Por motivos diversos, que incluem relações de poder político (redes de pertencimento), disponibilidade econômica e visibilidade cultural, determinadas orientações intelectuais se fixam na cultura e definem o limite da circulação de ideias opostas ou contrárias, no seu tempo. Para Williams, "Até certo ponto, a seleção começa dentro do período de produção, mesmo: de toda a massa de atividades são selecionadas certas coisas, elas são valorizadas e definidas como essenciais. Em geral, essa seleção refletirá a organização do período no seu conjunto, ainda que isso não signifique que depois sejam confirmados aqueles valores e aquelas ênfases." (WILLIAMS, 2003, p. 59, *apud* TABORDA DE OLIVEIRA, 2014, p. 40)

Foi assim também, buscando o papel do intelectual em um determinado campo, que Daniel (2015) discutiu aspectos relacionados ao processo de construção da área das Ciências Sociais no Brasil. Nesse sentido, foi por meio do pensamento de João Roberto Moreira (1912-1967) e sua atuação no Inep que a autora entendeu a institucionalização da sociologia e de sua contribuição para os estudos na área da educação. Para tanto, considerou as indicações de Vieira (2007) para conceber Moreira intelectual e assim argumentou:

> Partilhamos das indicações de Vieira (2007a; 2007b), caracterizando Moreira como um *intelectual*, cujo comportamento como homem público revela quatro características marcantes: a primeira se refere ao sentimento de pertencimento que Moreira tinha a um determinado estrato ou grupo social, constituindo-se como *técnico especializado*

> nos estudos do campo da educação, com uma produção e atuação que sempre tiveram como foco a organização do ensino e da educação nacional, articulado com os principais intelectuais preocupados com essa temática; a segunda característica se refere ao seu sentimento de *missão social*, procurando ele se colocar como um intelectual preocupado com a reorganização da sociedade, como um agente incentivador e participante dos principais encaminhamentos educacionais; já a terceira característica se remete ao seu entendimento de que seria principalmente por meio da educação, tomada como questão central para o êxito do *projeto moderno de reforma social*, que os problemas sociais seriam sanados; e por último, o fato de entender o Estado como agente político na efetivação do projeto moderno de reforma social. (DANIEL, 2015, p. 108)

Por fim, a noção de "representação" de Roger Chartier e Pierre Bourdieu também foi considerada em alguns trabalhos, sendo que este último foi adotado também para o debate sobre os limites de se fazer uma biografia intelectual, ou seja, aquilo que o autor chama de "a ilusão bibliográfica". Esses autores estiveram presentes em quatro capítulos: os dois sobre Tobias Barreto, o sobre Henrique Fontes e Oswaldo Cabral e, por fim, o capítulo sobre Aurélio Pires. Sintetiza bem Hoeller (2012) quando traz Chartier à análise: "[...] esquemas intelectuais, que criam as figuras graças às quais o presente pode adquirir sentido, o outro tornar-se inteligível e o espaço ser decifrado. Representação compreendida como algo que permite ver e estar no lugar de; recolocar uma ausência e tornar sensível uma presença!" (CHARTIER, 1990, p. 17, *apud* HOELLER, 2012, p. 131).

A HISTORIOGRAFIA BRASILEIRA COMO BASE

O que se pôde apreender é que para todos os articulistas, trabalhar com as interpretações do Brasil, nos diferentes aspectos, foi de fundamental importância, pois, ao mesmo tempo em que conferiram densidade histórica a cada atuação intelectual, ampliaram as possibilidades de entendimento de cada um dos sujeitos estudados. Isto porque o que se buscou foi a apreensão das respectivas noções e ações, sobre educação e modernidade, de forma mais e enraizada. Nessa perspectiva, os autores mais consultados foram Otávio Ianni, Mary del Priori, Francisco Iglesias, José Murilo de Carvalho, Sérgio Miceli e Sidney Chalhoub.

Em se tratando de pesquisa no campo da História da Educação brasileira, os estudos demonstram uma vasta apropriação de autores, a maior parte deles com trabalhos considerados como referência na área. Como era de se esperar, sobretudo se considerarmos a amplitude dos temas e problemas, as apropriações se deram de forma bastante conectada com os objetos de cada estudo, embora considerando as diferentes temporalidades. Os autores mais citados são: Luciano Mendes de Faria Filho, José Gonçalves Gondra, Cyntia Veiga Greive, Luis Antonio da Cunha, Carlos Monarcha, Paulo Krügger Mourão, Marcus Cezar de Freitas, Zaia Brandão, Marcus Vinicius da Cunha, Marta Maria Chagas de Carvalho, Alessandra Schueller, Carlos Eduardo Vieira, Maria do Carmo Xavier, Libânia Nacif Xavier.

Autores considerados clássicos na historiografia ocidental também foram adotados. Sem dúvida isso conferiu uma maior consistência teórica aos trabalhos, bem como possibilitou um diálogo mais bem fundamentado com outras áreas do conhecimento, tais como a história cultural, a história intelectual, a história das ideias, entre outras. Certamente, esse diálogo entre os campos amplia as muitas contribuições que a História da Educação tem trazido para a compreensão das possibilidades interpretativas presentes na realidade brasileira, principalmente a partir do século XVIII. Nessa perspectiva, além dos autores já mencionados, somam-se: John Greville Agard Pocock, Michel de Certeau, Jacques Le Goff, Jürgen Haberman, Hannah Arendt, Christopher Hill, François Hartog e Hans-Georg Gadamer.

A essa lista podemos acrescentar ainda dois outros nomes, Reinhart Koselleck e Hans Ulrich Gumbrecht, que contribuíram de maneira específica para a operação historiográfica em alguns capítulos (sobre Tobias Barreto, Plínio Barreto e Tavares Bastos), sobretudo no adensamento do diálogo com outros campos do conhecimento. Entretanto, ainda que sejam autores/teóricos relativamente conhecidos no Brasil, só bem recentemente, e mais precisamente em nossa Coleção, têm sido adotados em pesquisas na História da Educação. As contribuições desses autores se referem à possibilidade de debate em torno sobretudo das diversas "temporalidades", dos chamados "espaço de experiência e horizonte de expectativa", ou seja, as ideias de futuros presentes no passado, ideias de progresso presentes no léxico e "aceleração do tempo e discursos de progresso". Com relação a Gumbrecht, especificamente, há também contribuições sobre novas possibilidades de construção de narrativas históricas.

Completam o rol de referências os autores, e também membros do grupo que dão sustentação teórico-metodológica ao *PMMM*, Luciano Mendes de Faria Filho (adotado em 6 capítulos), tendo em foco as formas por meio das quais produziu conhecimento histórico articulando o entendimento de como os homens constroem as relações com o conhecimento, com a escola, com a leitura, com a profissão docente e com os diferentes discursos pedagógicos; e Marcus Vinícius Correa Carvalho (presente em 4 capítulos), sobretudo por sua reflexão sobre como as ideias "[...] das pregnâncias que sustentam permanências que impregnam projetos, práticas e questões que gestam as formas múltiplas e complexas que o termo [moderno] vem assumindo em pouco mais de dois séculos." (CARVALHO, 2012, p. 45).

Trata-se de contribuições históricas para os objetos em foco, mas também historiográficas, na medida em que representam possibilidades analíticas e conceituais.

E A PRODUÇÃO CONTINUA...

Ao considerarmos que o projeto e seu escopo foram ampliados e que hoje, sob o título *Educação nos projetos de Brasil: espaço público, modernização e pensamento histórico e social brasileiro nos séculos XIX e XX*, ele alarga seus objetivos, entendemos porque seus membros se propõem a "[...] avançar a elaboração de uma teoria sobre o lugar da intelectualidade brasileira na construção da esfera pública e produzir entendimentos sobre as noções de moderno, modernidade e modernização, presentes nesses projetos." É justamente isto o que move os pesquisadores em cada um dos estudos que estão sendo produzidos, ou seja, a relação intelectual/projeto de Brasil/Educação.

Nesse sentido, como forma de balanço e com vistas a um prognóstico para os futuros estudos, procuramos, neste texto, assinalar as distintas abordagens sobre o intelectual brasileiro atuantes em diferentes períodos políticos. E, mais ainda, procuramos relacionar tais abordagens com as distintas tipologias de fontes e os distintos referenciais teóricos que qualificam a ação do sujeito estudado, na medida em que os concebem, em maior ou menor medida, como produtores de conhecimentos, técnicos do saber humano, mediadores de conflito, criadores, mediadores e engajadores.

Algumas questões nos instigam, entretanto, a fim de pensar em uma contribuição para a referida teoria: Como explicar as distintas atuações e ideias, por vezes contraditórias e por vezes em consonância, ao longo da história política e da educação brasileira? A multiplicidade de ações no Brasil, em especial no campo da educação no arco temporal que vai do século XIX ao XX, tem correspondência com intelectuais de outros países? Os intelectuais brasileiros seguem os mesmos protocolos de ação, se dedicam às mesmas causas, propõem as mesmas direções? Há algo que os caracteriza em termos de interesses? Podemos traçar um perfil de intelectual especificamente brasileiro? Tais perguntas recaem, por certo, na nossa proposta de entender o "lugar da intelectualidade brasileira na construção da esfera pública".

Para alguns/mas pesquisadores/as brasileiros/as, as redes de sociabilidades, os microclimas e os microcosmos criados por intelectuais devem ser explicados justamente porque o campo intelectual descende das tensões produzidas e vividas por eles, pois são essas redes que qualificam o produto intelectual. No nosso entendimento, entretanto, tal premissa merece ser ampliada, uma vez que, ao considerarmos os estudos produzidos no *PMMM*, percebemos que algumas atuações intelectuais estão marcadas pela reflexão simples e pura e, nesse caso, a dedicação a uma causa foi mais importante, pois produtiva, do que os conflitos que, por certo, têm o poder de estimular a produção qualificada, mas que não determinaram as marcas intelectuais. Magalhães e Barreto (2016, p. 69) contestaram esse tipo de formulação, advertindo que a triangulação entre o vivido, o pensado e o colocado em prática é

> [...] instâncias que devem ser consideradas epistemicamente a fim de que se compreendam suas feições substantivas, teóricas e metodológicas cujas representações forjam o caráter intelectual e cuja linha diretriz forma e/ou reforça características que lhe dão identidade. Assim, uma abordagem científica dos planos material e simbólico do intelectual perpassa por uma problematização, visto que tem, como missão, o cumprimento de objetivos que passa, necessariamente, pela definição de método, pelo referencial teórico e aplicação de conceitos e, em alguns casos, pela categorização de elementos que aparecem ao longo do processo investigativo. No caso específico do estudo biográfico, a categorização de elementos resulta dos objetivos e das singularidades da vida investigada, cujas variantes correspondem não somente à história do intelectual em foco, mas também à própria história intelectual.

Nesse sentido, ao partir das análises decorrentes do processo de triangulação, há que se compreender até que ponto houve transplantação, apropriação ou mesmo uma readequação de modelos estrangeiros na composição da cultura brasileira e do Brasil nação. Ao ampliar o número de intelectuais brasileiros cujas atuações serão ainda estudadas, teremos mais elementos para ponderar sobra a relação. Ao considerar também a perspectiva de longa duração, para além dos "dilemas e ambiguidades" vividas pelos brasileiros, nos depararemos com elementos que expressam de que maneira a modernidade foi pensada e viabilizada nos distintos períodos políticos que, como já ressaltado, passam pelo Império (1822-1889), Primeira República (1889-1930), República Nova (1930-1945), Estado novo (1945-1964) e Regime Militar (1964-1988).

Com base em tais estudos, é possível ensaiar, em menor ou maior grau, tipos de intelectuais; ainda que prematuramente, dado o pequeno quantitativo de sujeitos estudados. Nesse sentido, tivemos no Império, para além do erudito, aguerrido, politizado e propositor, com formação superior, o intelectual leitor de obras estrangeiras, apropriador de modelos estrangeiros e preocupado com o caráter do brasileiro. Já na República, embora tais características persistam, outras foram incorporadas à sua atuação, a exemplo da preocupação com os problemas nacionais e da educação em especial. Temos aí um entusiasta do progresso, preocupado com a construção de uma identidade nacional; que considera a escola um espaço onde as ideias modernas deviam ser disseminadas; que se preocupa com a criança e é atento à infância, voltado para as práticas pedagógicas; que tem interesse público e age como intérprete social e cultural do Brasil, com propostas de intervenção, atento às questões ruralistas e à necessidade de educação popular; criador de instituições; entusiasta, por fim, da modernidade pedagógica e de campos de saber especializado.

Em termos prognósticos, o que deve nos motivar é pensar o intelectual em projetos com cunho e intervenção eminentemente cultural e política, afinal, o intelectual não "existe" isolado. Ele, necessariamente, atua de forma conectada e, embora o tamanho, a especificidade e os meios da rede que integra não sejam determinantes, revelam campos de luta, com posições e regras demarcadas que muito contribuem para a compreensão do seu trabalho. Há que se destacar ainda que as redes revelam as trocas e os enfrentamentos de ideias e, por isso, são condição *sine qua non* para a composição intelectual. Do mesmo modo que os lugares de sociabilidades e enunciação (jornais, revistas, associações, grupos etc.) são fundamentais para a apreensão do produto intelectual, sobretudo quando se considera como categorias de análise os lugares, os meios, as redes, as trajetórias e a tradição.

Um outro ponto crucial, tendo em vista o nosso objetivo de contribuir com uma teoria da intelectualidade brasileira, é o pressuposto de que a educação é campo fundamental de suas análises/atuações, uma vez que ela esteve presente, como meio ou como fim, nos projetos de organização da sociedade brasileira. De modo que pensar o país, a pátria, sem pensar a educação não foi/é/será viável, haja vista que os elementos que compõem a história do Brasil, desde o período colonial, passando pelo Império e sobretudo na República, vêm sendo o meio encontrado de ora civilizar, ora instruir, ora formar o brasileiro, com a intenção de que faça do Brasil uma nação moderna.

O entrevero, contudo, reside em que, tendo em vista a atuação política do intelectual, ou mesmo sua política cultural como diria Croce (*apud* BOBBIO, 1997), pensar uma teoria que contemple períodos e contextos políticos, econômicos e, consequentemente, culturais, sociais e educacionais de uma história de longa duração, necessariamente reverbera nas análises e interpretações dos sujeitos e nas teorias que os envolvem. Tal problema implica na assertiva de Gomes (2016) de que deve se relacionar a história com a ação intelectual e não o contrário. Por certo, tal afirmação recai em uma história intelectual que consiste justamente em evidenciar qual o papel dos intelectuais em destinos históricos. Entretanto, cabe a pergunta: O intelectual não pode ser entendido em seu cronótopo, com suas redes e implicações geracionais e em projetos específicos? Ou, para se tecer uma teoria da intelectualidade nacional, temos que entendê-los como membros de um mesmo campo, com distintas fases?

De qualquer modo, podemos inferir que um intelectual se constitui pelas tensões vividas nos respectivos contextos, no contraponto, nas resistências e, sobretudo, na proposição de alternativas a problemas. Seu perfil é forjado preponderantemente nos conflitos, e é justamente o alcance desses conflitos, em termos de visibilidade, de deslocamentos, ou mesmo de afirmação e negação, que o projeta para um lugar de fala. Lugar este de enunciação, mas também de legitimação, pois, como já insinuado, é no reconhecimento de seu potencial criador e/ou mediador que o intelectual se projeta e é reconhecido pelos pares.

Sobre isso não devemos secundarizar também a recepção das produções escritas e/ou demais bens produzidos, uma vez que não há público passivo e, portanto, há uma multiplicidade de interpretações sobre a produção intelectual, razão pela qual deve ser computada nas análises acerca do intelectual. O modo como suas produções são recebidas reverbera no tipo de atuação intelectual, uma vez que ela legitima seu papel, seja como mediador, seja como propositor. Haja vista que a legitimidade intelectual está condicionada ao reconhecimento dos pares e, nesse sentido, muitas vezes o apoio político e social e o prestígio geracional são condições *sine qua non* para sua longevidade. Fora disso, só mesmo a história poderá lhe fazer alguma justiça.

Por isso, o que se deve considerar ainda mais em futuros trabalhos são as estratégias de compartilhamento, de divulgação e de vulgarização das interpretações e conhecimentos produzidos. Isso porque os intelectuais divulgam seus trabalhos e, nas pesquisas realizadas no âmbito do *PMMM*, essas divulgações foram apropriadas e analisadas a partir das formas por meio das quais eles decidiram fazer isso. Por certo, como também nos alerta Gomes (2016) não se pode desconsiderar que a categoria "mediador" seja independente da categoria intelectual, e que uma categoria ampla não sirva para operar cientificamente, mas também é certo que a mediação é característica fundamentalmente intelectual.

Há que se considerar também outros trabalhos sobre intelectuais da educação que estão sendo produzidos e que devem ser pensados em prol do que se pretende no programa de pesquisa. Estamos pensando, especificamente, nos grupos de pesquisa liderados pelos professores Marcus Levy Albino Bencostta e Carlos Eduardo Vieira, da Universidade Federal do Paraná, Bruno Bontempi Júnior, da Universidade de São Paulo, e Mauro Castilho, da Pontifícia Universidade Católica de São Paulo.

O de Levy e Vieira, por exemplo, *História da educação: instituições, intelectuais e culturas escolares no Paraná (séculos XIX-XX)*, muito próximo de nós, vem ao longo dos anos se dedicando ao estudo das instituições escolares, ideias pedagógicas, intelectuais da educação e cultura escolar. Nesse sentido os projetos do grupo têm envolvido o tema da modernidade, mais precisamente a sua polissemia. Primeiro, partindo da formação de professores e da rede de sociabilidade tecida em diferentes espaços sociais que envolvem o campo da educação; depois, do conceito de esfera pública burguesa de Jürgen Habermas, entendendo a imprensa como protagonista do debate público nos cenários intelectual e político dos anos de 1910 e 1920. E alarga o arco temporal até a década 1960 com estudo dos discursos educacionais enunciados pela Associação Brasileira de Educação e nas Conferências Nacionais de Educação. E nos últimos anos a proposta do grupo é perceber, por meio da "composição histórico-lexical" do "jogo de linguagem" compartilhado e os seus diferentes usos políticos, sociais, científicos e/ou educacionais, quem estava autorizado a tratar da educação. Nesse sentido, dialogar com a produção de tal grupo nos abre possibilidades de um diálogo ainda mais profícuo sobre o universo intelectual, visto que o lócus de pesquisa se concentra no estado do Paraná, o que pode ser um indicador de atuação, mas também um elemento que nos revele a influência ou não do lugar sobre as ideias.

De igual modo, o grupo de Bontempi Jr., *Intelectuais da educação brasileira: formação, ideias e ações*, vem se dedicando à investigação de intelectuais em instituições escolares e acadêmicas formadoras e reprodutoras da elite política do país ao longo da sua história. Há um pressuposto que guia o grupo que relaciona elite cultural e poder político e, nesse sentido, embora os objetos de pesquisa estejam predominantemente circunscritos ao Estado de São Paulo, nos auxiliam na compreensão dos discursos intelectuais, que contemplam, para além das suas representações sociais, o modo como interpretam o seu contexto e a política estatal. Assim, também é preocupação do grupo os canais de expressão, jornais, livros, periódicos etc., e de como eles são forjados e enunciados. Um outro aspecto é a preocupação com a abordagem prosopográfica. Acreditamos que perceber de maneira mais incisiva a atuação e principalmente a abordagem de pesquisa de tais grupos nos auxilia não somente no amadurecimento teórico e metodológico mas também nos conduz a uma rede mais ampla de estudos em prol do entendimento das distintas ações intelectuais. E nesse sentido, um último aspecto que pode ser melhor tensionado, talvez como um índice para novos estudos, seria a noção de contribuição histórica. Longe de uma perspectiva laudatória acerca das abordagens sobre os sujeitos estudados, seria significativo do ponto de vista epistemológico pensar sobre as contribuições que cada um deles provocou em termos de transformações e deslocamentos específicos, em outras palavras, o que cada ação provocou nos respectivos contextos.

A ideia é avançarmos nessa direção e, com os diferentes estudos que envolvem as distintas atuações dos sujeitos, entendermos que não somente a origem, o papel e a função do intelectual são importantes, mas também as formas como o campo vai se constituindo pelas ações, análises e interpretações dessas ações que remetem aos repertórios culturais, às tensões produzidas, às causas defendidas, entre outros elementos que dizem do homem, das suas ideias e das suas ações. Estes, por sua vez, recaem nos argumentos e nas experiências vividas, na linguagem, nos microcosmos e microclimas, bem como nos meios e na forma como o intelectual publiciza suas ideias, o que nos leva a pensar que não há um único modelo de intelectual. No máximo um modelo que pode ser alargado e que contemple as especificidades ao longo da história, pois um intelectual do XIX, certamente, não é o mesmo do século XX. E se, por um lado, há muito que os assemelha, por outro, demandas distintas exigem atuações e recepções distintas.

Avancemos...

Políticas públicas educacionais e história da educação: aproximações de um programa de pesquisa

Rita Cristina Lima Lages
Vera Lúcia Nogueira

INTRODUÇÃO

Pretendemos, com este trabalho, apresentar e analisar as investigações sobre políticas públicas educacionais produzidas no âmbito do Projeto *Moderno, Modernidade, Modernização: a educação nos projetos de Brasil – séculos XIX e XX*.[1] Serão tomados como base, portanto, os quatro volumes de livros que reúnem esses estudos. Como partícipes, destacamos o desafio de colocar nosso processo de pesquisa como foco de reflexão crítica. Nesse exercício, propusemo-nos a mapear essa produção – destacando o que as pesquisas priorizaram e como foram desenvolvidas – e a identificar as direções pleiteadas com as escolhas teórico-metodológicas.

De imediato, fez-se necessário nos perguntar: O que estamos entendendo por política pública educacional? Como e quais serão os instrumentos que nos possibilitarão identificar tal temática nos textos? Diferentemente dos capítulos que abordam, por exemplo, conceitos ou noções como "sociabilidades", "escolarização", ou mesmo os "intelectuais" – termos identificáveis, muitas vezes, nos próprios títulos –, poucos textos explicitam ou situam o estudo no campo das Políticas Públicas ou da História das Políticas Públicas ou, ainda, fazem referência direta a tais termos.

---

[1] Projeto financiado pelo CNPq desde 2010.

Essa busca inicial, a partir do próprio texto, se justificou pela nossa recusa em estabelecer definições *a priori* e acabar, assim, por empreender um enquadramento das investigações. Esperávamos que os próprios textos nos fornecessem elementos que informassem aproximação ou filiação à temática, fosse por meio de seus objetos ou de suas abordagens. Realizamos, então, uma leitura mais acurada de cada obra e, por exclusão, chegamos a um conjunto de 15 textos dos seguintes pesquisadores(as): Natália Gil (2012), Maria das Dores Daros (2012, 2016), Elaine Pereira (2013, 2016), Xavier (2012), Lages (2013, 2015, 2016), Santos (2013), Nogueira (2015, 2016[2]), Alves & Fonseca (2015) e Alves & Bergamaschi (2016), Melo (2016).

Para melhor organização e estruturação de nossa análise, agrupamos os trabalhos dos autores acima elencados de acordo com o recorte temporal das investigações, que se concentraram em três momentos, basicamente. Tal opção metodológica foi bastante favorecida pelos recortes priorizados pelas pesquisas e, igualmente, pelas interseções entre os objetos investigados. O primeiro momento conta com estudos relativos à instrução pública em Minas Gerais no século XIX, quais sejam: os estudos de Rita Cristina Lima Lages (2013, 2015, 2016), Vera Lúcia Nogueira (2016) e Marileide Lopes dos Santos (2014). O segundo momento compõe-se de estudos que discutem as políticas educacionais republicanas desenvolvidas até a primeira metade do século XX. Nesse agrupamento encontram-se os trabalhos de Vera Lúcia Nogueira (2015), Bruno Geraldo Alves e Ana Carolina de Almeida Bergamaschi (2016), Henrique de Oliveira Fonseca e Bruno Geraldo Alves (2015) e Natália Gil (2012). Já o terceiro recorte agrupa os estudos sobre as políticas públicas educacionais da segunda metade do século XX, realizados pelos autores: Maria das Dores Daros (2012, 2016), Maria do Carmo Xavier (2012), Marilândes Mól Ribeiro de Melo (2016) e Elaine Aparecida Teixeira Pereira (2013, 2016).

A seguir, buscamos apresentar e analisar nesses estudos, agrupados em três recortes temporais, os elementos que tratam de políticas públicas e, de modo mais acentuado, de políticas públicas educacionais no Brasil dos séculos XIX e XX.

---

[2] Estudos realizados no âmbito do projeto de pesquisa: Política e educação na província de Minas Gerais: implicações da alta rotatividade no cargo de presidente na formulação das políticas de instrução pública primária (1850-1889). Edital Demanda Universal 01/2014 e Edital FAPEMIG 03/2016 - Bolsa de Incentivo ao Pesquisador Público Estadual- BIPDT.

INSTRUÇÃO PÚBLICA EM MINAS GERAIS NO SÉCULO XIX

Os textos agrupados nesse recorte somam-se à produção dos historiadores da educação que têm investido, nas últimas décadas, na releitura, descoberta, ou reinterpretação das diferentes iniciativas e experiências educativas desenvolvidas no período imperial, trazendo à tona uma multiplicidade de agentes sociais que, inspirados pelas ideias iluministas, principalmente, atuaram no sentido de difundir o progresso espiritual da população brasileira. Esse movimento, empreendido sobretudo a partir da última década do século XX, nos revelou um período denso de discussões e de realizações no campo educacional, momento em que se assentou boa parte dos fundamentos do que veio a ser a escola brasileira do século XX, seja em seus aspectos conceituais, seja no campo político, cultural, científico ou religioso.[3]

A produção de Rita Cristina Lima Lages (2013, 2015, 2016) está vinculada ao desenvolvimento, em diferentes momentos, de sua pesquisa de doutorado.[4] Para sua análise, a autora toma por objeto os discursos dos presidentes da província mineira, bem como de demais agentes inseridos na organização da instrução pública, acerca da implementação de políticas para a organização da educação e da instrução pública em Minas Gerais no século XIX. Seu foco se concentra sobre experiências estrangeiras que deveriam servir como referenciais para a organização da educação imperial. Lages destaca a reverberação dos ideais do iluminismo e do liberalismo em terras mineiras, especialmente as noções que estiveram mais frequentes nos discursos e que, posteriormente, se materializaram na elaboração de leis: *gratuidade*, *obrigatoriedade*, *instrução popular*, *educação profissional*. E para a efetivação das leis, a prática da *filantropia* é alçada como recurso para o êxito da instrução das camadas desvalidas da população. Como fontes, Lages utiliza a legislação, os relatórios, falas e mensagens de presidentes da província mineira. Como procedimento, analisa os discursos produzidos pelos presidentes, especialmente aqueles relativos ao tema da educação e da instrução pública. Os presidentes são compreendidos pela autora como *mediadores culturais* ou *passeurs culturels*, conforme quer Gruzinski (1991, 2001, 2005).

---

[3] Essa discussão pode ser acompanhada, por exemplo, em GONDRA; SCHUELER (2008); FARIA FILHO (2010); GONDRA; SCHNEIDER (2011).

[4] LAGES, Rita Cristina Lima. *As vitrines da civilização*: referências estrangeiras na instrução pública em Minas Gerais no século. XIX. 2013. Tese (Doutorado em Educação) – Faculdade de Educação, Universidade Federal de Minas Gerais, Belo Horizonte, 2013.

Nos discursos desses sujeitos, a autora identifica os relatos acerca das experiências de outros países, considerados como adiantados na marcha da civilização e progresso e tidos como parâmetros para a organização do campo instrução pública na província. Tais experiências, que repercutem por todo o Império, encontravam-se vinculadas aos princípios do liberalismo, bem como às ideias de civilização, progresso e modernidade desejadas para a nação brasileira. Ideias compreendidas, enfim, como uma busca teleológica alinhada ao ideal de formação do Estado Nacional e à participação do Brasil no concerto das nações civilizadas. Lages estabelece, desse modo, a relação entre os discursos sobre educação e instrução pública e sua efetivação por meio da legislação, chamando a atenção para a farta produção de leis e reformas educacionais ao longo do século XIX, na tentativa de organização da instrução pública.

Em sua análise, Lages também se orienta pelos protocolos estabelecidos pelo Programa de Pesquisa e problematiza questões referentes à civilização, modernidade e progresso. Para isso, estabelece diálogos com os estudos de Elias (1990), Le Goff (1997), Carvalho (1988). No campo da História da Educação, se vale dos estudos de Boto (1996, 2011) e de Lopes (1981). Entre os países tomados como referência, Lages destaca a França como sendo o mais citado ao longo do século XIX. As experiências são tomadas, principalmente, com base nos ideais de uma educação para a promoção da civilização em sentido lato, tendo como parâmetro máximo de exemplo para a produção de leis, a Lei Guizot de 1833, enaltecida pelos dirigentes políticos, por exemplo. Os Estados Unidos da América também constam dos discursos sobre instrução pública, sobretudo a partir de 1870, por suas condições de progresso e modernidade e, ainda, por ser mostrar um país altamente promissor no empreendimento da alfabetização da população em curto espaço de tempo e em excelentes condições materiais, vislumbradas nos exemplos de seus prédios escolares.

Já o estudo realizado por Vera Lúcia Nogueira (2016) aborda a educação no século XIX, contudo, com foco mais específico nas iniciativas estatais e não estatais voltadas para a instrução da população adulta do Império, no período de 1870 a 1880, por meio das escolas e aulas noturnas. Utilizando como fontes a legislação imperial, os jornais que circulavam à época, bem como os relatórios e falas dos presidentes de província, Nogueira busca compreender o sentido das iniciativas que mobilizaram um conjunto de experiências educativas voltadas para a instrução elementar de adultos, especialmente por meio de escolas noturnas criadas, com intenso vigor, a partir da década de 1870, em quase todas as províncias brasileiras (NOGUEIRA, 2016, p. 35).

Uma das questões abordadas por Nogueira é a transformação do adulto em sujeito da instrução, abordada na perspectiva dos discursos civilizatórios e da difusão da instrução. Para isso, a autora estabelece diálogo com os estudos de Veiga (2007, 2008), Revel (2009) e Ariès (1978). A temática da filantropia, que também foi considerada nos estudos de Lages, é discutida com mais profundidade por Nogueira no diálogo com Morel (2005), Monier (2013) e Peretz (2012). Já a reflexão acerca dos processos de difusão da escola imperial mobiliza, entre outros, Veiga (2007, 2008), Gondra e Schueler (2008).

Nogueira mostra como foi se institucionalizando o ensino primário de adultos, com base no aparato legal produzido pelo Governo Central, como a Lei de 15 de outubro de 1827, que determinou a gratuidade da instrução primária a todos os cidadãos brasileiros, indistintamente se criança ou adulto. O primeiro investimento do Estado Imperial especificamente voltado para o ensino de adultos se deu com o Decreto Imperial de n. 1331, que reformou o ensino primário e secundário na Corte, por intermédio do Regulamento de 1854. Por meio desse instrumento, afirma a autora, tentou-se impor o ensino primário dos adultos como obrigação aos professores públicos, o que não logrou êxito. A partir de 1870, Nogueira destaca que praticamente todas as províncias criam mecanismos legais regulamentando o funcionamento das escolas noturnas para os adultos, sendo esse, portanto, um momento referencial para a compreensão da história da sua educação no Brasil. Ainda no âmbito normativo, destaca os contornos que a educação de adultos ganhará a partir da Reforma Leôncio de Carvalho, de 1881, na medida em que esta restringe o voto aos analfabetos, fato que vai, segundo avalia, "deslocar a questão da cidadania do âmbito da esfera econômica e política para a esfera educacional, colocando de vez a temática da educação do adulto no centro dos debates e das preocupações mais gerais (NOGUEIRA, 2016, p. 47).

Já Marileide Lopes dos Santos (2014) se dedica ao estudo da mobilização e atuação dos membros da Câmara Municipal de Sabará em prol da instrução pública. A autora destaca as iniciativas da Presidência de Província e do Conselho Geral de Província, datadas imediatamente após a criação dessas instituições, em 1823, com intuito de melhor conhecer a população mineira por meio de levantamento de dados, entre os quais a instrução pública figurava. Às autoridades interessava o estado da instrução pública: o grau de comprometimento dos mestres, o número de discípulos e o seu aproveitamento. Santos lança mão, então, das correspondências da Câmara Municipal de Sabará e Coleção de Leis da Assembleia Legislativa Provincial, analisando a documentação expedida e recebida pela Câmara, os pedidos e reivindicações feitas à autoridade máxima da província e também ao Imperador, por parte dos vereadores, em sua maioria, e da população, colocando em cena outros agentes que se mobilizavam em prol da instrução na cidade. Destaca o quanto os vereadores estavam imbuídos de suas obrigações legais e o quanto reconheciam a importância da instrução para o progresso do município ao atribuir a si próprios o "dever" de conduzir o "povo" para um mundo mais ilustrado (SANTOS, 2014, p. 77).

O trabalho de Santos, embora com abordagem predominantemente empírica, contribui para ampliar o conhecimento referente à participação dos municípios mineiros no processo de institucionalização e normalização da instrução pública no século XIX, embora não estabeleça diálogo com a produção que discute na perspectiva teórica o papel dos municípios na instrução pública.

Destacamos, com o primeiro recorte, que os estudos tomam a regulamentação da instrução pública imperial, por meio de leis, especificamente, como pressuposto de organização da política de ensino primário – ou, no entendimento de Lages, da política educacional do Império. De certo modo, considerar as medidas legais originadas, seja no legislativo, seja no executivo, como premissas de uma política pública tem fundamento se considerarmos, por exemplo, o modo como Paulilo e Abdala (2010) definem os estudos históricos sobre as políticas educacionais. Para esses autores, trata-se de um "recorte" da História da Educação que tem por "objeto as ações de governo no âmbito do ensino público" (PAULILO; ABDALA, 2010, p. 127). Nesse caso, os estudos elencados, embora não se posicionem nesse campo epistemológico de forma explícita, podem ser entendidos, segundo essa definição, no campo da história das políticas educacionais. Tal definição demarca uma relação direta entre governo e ensino público e nos leva a questionar o lugar que o Estado estaria ocupando nessa relação, bem como no âmbito das políticas educacionais. Percebe-se, no entanto, que uma problematização acerca dessa relação não esteve presente na produção aqui analisada, o que podemos destacar como fragilidade nesses estudos.

Na concepção de Oliveira (2010), a definição do termo "política educacional" implica compreender em que consistem as suas duas dimensões conceituais. O termo política, de acordo com Bobbio (2000), pode se referir tanto às ações de governo e de administração do Estado quanto à forma como a sociedade civil se relaciona com o próprio Estado. Normalmente, os estudos relativos ao campo das políticas públicas contemplam menos essa relação com a sociedade civil do que as ações internas ao Estado.

Esse não foi, entretanto, o caso de Nogueira (2016), que trouxe para a arena política os diversos agentes que se organizavam articulando estratégias distintas para promover o acesso da população à instrução pública. Como vimos, a autora buscou problematizar as "experiências educativas, criadas e mantidas por distintas forças sociais e políticas, vinculadas não somente ao Estado como também à igreja e à sociedade civil, tais como, sociedades protetoras da instrução, maçonarias, clubes literários, musicais, abolicionistas e etc." (NOGUEIRA, 2016, p. 35). A política educacional estuda, nesse caso, "as relações de força e tenta dar direção ao processo educativo e às disputas que ocorrem dentro do Estado para a configuração e o controle da prática institucionalizada da educação dentro de uma formação histórica determinada."[5]

Reforçando, no entanto, a posição que ocupa o Estado, Veiga (2003, p. 38), adverte que quem se dedica ao estudo da elaboração dessas políticas, não pode realizar uma discussão descolada da problematização da organização do Estado sem buscar compreender

> como desenvolveram-se as práticas políticas de institucionalização dos saberes elementares, no sentido de observar em que medida rompem ou continuam as práticas anteriores; ou ainda, de que maneira é possível compreender a organização escolar no período como componente da organização de Estado e das novas configurações das relações de poder.

Essa compreensão traz para o debate o jogo de forças que envolve as disputas em torno da educação e confere visibilidade à qualidade dos argumentos mobilizados pelos sujeitos e, ainda, às estratégias mobilizadas para fazer valer um ou outro projeto político. Estudos nessa perspectiva estão em consonância com o campo das políticas públicas, como se pode refletir a partir de Oliveira (2010) que, com base nas ideias de O'Donnel (2002), reconhece o Estado como uma relação social resultante do jogo de forças no plano político e que comporta uma relação assimétrica de dominação e controle de recursos econômicos, de coerção física, de informações e ideológico. O Estado subentende as instituições públicas, entre as quais situamos o próprio governo, destinadas a organizar e atender às necessidades de seu povo. Essa acepção fortalece a compreensão da política educacional como sendo sempre de natureza estatal, institucional e intencional, submetendo-se, portanto, ao Estado e às decisões governamentais.

Podemos, assim, dizer que a educação, entendida como política pública, se insere no conjunto das ordenações e intervenções múltiplas do Estado (MELLO,

---

[5] Oliveira (2010) citando Paviglianiti (1993).

1991), cujo estudo pode ser realizado numa perspectiva histórica, em interface com uma diversidade de temas, problemas e abordagens,[6] como destacado por Paulilo e Abdala (2010), se reportando à história das instituições escolares, à história dos intelectuais e, ainda, à história das iniciativas dos movimentos sociais, por exemplo. Estudos como esses possibilitam abordar as políticas educacionais na perspectiva política consoante à definição de Bobbio (2000), mas também pode nos colocar diante da exigência de estabelecer interfaces como outras abordagens, tais como a história social e a história política.[7]

Sobre essa interface ou referencial teórico, Lages (2015) explicita a abordagem adotada destacando os conceitos que orientam seus estudos: apropriação e circulação, a partir das proposições de Roger Chartier (1991), de mediadores culturais – ou *passeurs culturels* – segundo orientações de Serge Gruzinski (1991, 2001, 2005) e Tais Nívia de Lima e Fonseca (2012). Nogueira (2016) e Lopes (2013), por sua vez, não se posicionam acerca da abordagem, o que, a nosso ver, constitui uma das fragilidades desse recorte. O trabalho de Lopes (2013) difere do de Nogueira (2016) pela natureza descritiva e empírica, notadamente, sem uma preocupação com o estabelecimento de categorias, noções ou conceitos que orientassem a análise.

A objetivação desse processo se dá por meio de um ordenamento próprio constituído de leis emanadas do Poder Legislativo e de outros textos normativos produzidos pelo Executivo, tais como os Decretos, Regulamentos e Portarias (SCHMIEGUEL, 2010). Coerente como essa descrição, o conjunto de estudos que compõem o recorte mobilizou documentos oficiais como fontes, principalmente a legislação educacional. Contudo, embora esses estudos estejam mobilizando fontes tradicionais na construção das políticas públicas, não se pode esquecer da necessária problematização que envolve as escolhas dos documentos. Sobre isso, Noronha (1998, p. 33) adverte:

> [...] a investigação histórica tem de, ao abordar as fontes documentais, ter em conta que elas expressam a síntese de uma multiplicidade de determinações históricas. Expressam as contradições e os conflitos de interlocutores aliados e adversários. Deste modo, o diálogo com um documento histórico deve refletir uma posição de leitura que

[6] Exemplar nesse sentido é o livro *Estado e políticas educacionais na História da Educação Brasileira*, organizado por Saviani como parte da Coleção Horizontes da Pesquisa em História da Educação no Brasil, publicado pela EdUFES em 2011.

[7] Ver, por exemplo: BARROS, 2010.

o toma como síntese consensual do passado. E não como a simples soma das vontades e intervenções.

Trata-se de um cuidado fundamental que precisa orientar nossas decisões e opções ao eleger nossas fontes, em meio às inúmeras possibilidades que a historiografia renovada nos oferece. Uma delas é o uso da impressa periódica, como fez Nogueira (2016) para analisar a repercussão da filantropia em Minas Gerais. Atenta aos riscos, como advertido por Noronha (1998), ela esclarece:

> Vale lembrar que os responsáveis pelas publicações estavam sempre identificados com as disputas políticas e ideológicas do final do Império, e que seus jornais possibilitavam a circulação de um amplo conjunto de ideias e ideologias. A construção dessa subjetividade comum e do processo identificatório ganha sentido nas páginas dos jornais. (NOGUEIRA, 2016, p. 52)

A imprensa periódica tem sido bastante fértil para os historiadores do Oitocentos, como destaca Periotto (2013, p. 241): "A utilização de jornais e revistas do século XIX como fonte historiográfica, se ainda é recente, já deu sinais evidentes de produção de bons frutos, crescendo em número e qualidade os estudos sobre a imprensa periódica que trata de temas gerais, nos quais se incluem o debate político, econômico e social."

O uso dos jornais como fonte nos estudos sobre as políticas públicas, não somente possibilita o entendimento das práticas sociais do passado como também coloca o pesquisador diante dos embates entre a sociedade civil e as decisões políticas emanadas do Estado, e mais: "se neles se encontra o registro dos embates de uma época é possível que também ali estejam inscritas as respostas que essas mesmas épocas deram às suas pendências e necessidades" (PERIOTTO, 2013, p. 242). Sobre essa questão, Catani e Bastos (1997, p. 32), destacam:

> A imprensa é um corpus documental de vastas dimensões, pois se constitui em um testemunho vivo dos métodos e concepções pedagógicas de uma época e da ideologia moral, política e social de um grupo profissional. É um excelente observatório, uma fotografia da ideologia que preside. Nessa perspectiva, é um guia prático do cotidiano educacional e escolar, permitindo ao pesquisador estudar o pensamento pedagógico de um determinado setor ou de um grupo social a partir da análise do discurso veiculado e da ressonância dos temas debatidos, dentro e fora do universo escolar.

Verifica-se, desse modo, como a imprensa periódica pode se revelar uma forte aliada para a compreensão das políticas educacionais, ao estabelecer um cruzamento com os dados oferecidos pelos documentos oficiais.

POLÍTICAS EDUCACIONAIS NA PRIMEIRA METADE DO SÉCULO XX

O alvorecer da República brasileira instigou um conjunto de estudos que buscou compreender de que modo os ideais de modernização se fizeram presentes nas políticas públicas educacionais implementas pelos governos do novo Regime, em especial, nos estados de Minas Gerais e São Paulo.

Abordando a temática da educação profissional, Vera Lúcia Nogueira (2015), em um estudo que recorta o período de 1892 a 1920, busca compreender o processo de constituição de uma política voltada especificamente para os trabalhadores em Minas Gerais como parte do que denominou *ideário modernizador* do estado. O objetivo foi analisar os discursos proferidos pelos presidentes, deputados e senadores mineiros, buscando apreender, na narrativa dessa elite política, os possíveis sentidos atribuídos às reformas do ensino e seus desdobramentos na instrução e na educação dos trabalhadores mineiros. Nogueira ressalta que o primeiro triênio da República fora totalmente dedicado à organização político-administrativa do estado e às discussões, no Congresso Mineiro, da política educacional republicana que ao longo dos anos foi se configurando por meio de reformas consecutivas do ensino.

Valendo-se exclusivamente das Mensagens dos Presidentes e dos Anais da Assembleia Legislativa, a autora traz à tona as tensões presentes nas negociações em torno das decisões políticas que definiram os rumos da política educacional nos primórdios da República, compreendendo que tais decisões foram constitutivas do processo de construção dos próprios projetos de República e de modernização do estado.

Em termos teóricos e metodológicos, Nogueira busca compreender o que assume ser o "ideário educativo modernizador" do estado de Minas Gerais. Mobilizando a noção de repertório (cf. ALONSO, 2002), toma os discursos produzidos no Congresso Mineiro orientada pelos estudos de Touraine (1995), Baudrillard (1977), Giddens, (1991), Gorelik, (1999), Mello (2009) e outros. O diálogo com o campo da História da Educação é feito, principalmente, com Veiga (1977, 2011, 2014), Faria Filho (1991, 2000) e Gonçalves (2014, 2006, 2007).

Em seu texto, chama a atenção para o lugar que a educação ocupou como integrante desse ideário, destacando que o tratamento conferido à temática da formação do trabalhador não pode ser compreendido isoladamente, sem se considerar as intencionalidades, os desejos e a orientação filosófico-política mais ampla que modelava a ação dos governantes mineiros. Desse modo, Nogueira, demonstra que, em meio a medidas diversas, destinadas a modernizar o Estado – tais como a reforma urbana que se traduziu na construção da capital, o investimento em infraestrutura, como construção de pontes, de estradas de ferro etc. –, as reformas do ensino, cuja principal expressão da modernidade se traduziu nos grupos escolares, transformaram a educação, e em especial a instrução pública primária e o ensino técnico agrícola, nos principais instrumentos de progresso do estado.

A temática da educação rural foi objeto da investigação de Bruno Geraldo Alves, em um primeiro momento em parceria com Ana Carolina de Almeida Bergamaschi (2016) e, em um segundo, com Henrique de Oliveira Fonseca (2015). No primeiro artigo, Alves e Bergamaschi (2016) discutem o projeto educacional Aprendizado Agrícola de Barbacena com base nas práticas ali desenvolvidas, no período de 1910 a 1933, como expressão do projeto de modernização do rural do estado de Minas Gerais. A opção pelo estudo dessa instituição, segundo os autores, se deveu à sua trajetória ininterrupta e às práticas diferenciadas ali desenvolvidas, o que, provavelmente, teria levado à sua transformação na Escola Agrícola de Barbacena, em 1933, instituição considerada modelar para o ensino agrícola brasileiro.

Do ponto de vista teórico-metodológico, Alves e Bergamaschi ressaltam se orientar pelos pressupostos da história social e da história cultural dialogando, entre outros, com Vertucci *et al.* (2010) e Certeau (1994, 2008). Mobilizam ainda, entre outros, pesquisadores do campo da educação rural, como Mendonça (2007), Nery (2006), Versieux (2010), Marques (2005). Como fontes utilizam, principalmente, os documentos produzidos pela instituição investigada, além de leis, decretos e relatórios ministeriais. Lançam mão, também, de um dos jornais que circulava no município durante o período.

Os autores desenvolvem sua argumentação dialogando com o campo de estudos que se ocupam dos projetos para a educação do meio rural brasileiro, nos primeiros anos republicanos. Situam a problemática, assim, em um contexto mais amplo de modo a compreender as concepções de ensino agrícola e de ensino rural presentes nos projetos de modernização e desenvolvimento do país. Evidenciam as dicotomias existentes no período entre o rural e o urbano, inscritas nos debates e nas proposições políticas e pedagógicas do Aprendizado Agrícola, sendo o rural considerado responsável pelo atraso do país. O ensino agrícola era tido como a possibilidade de aprimorar as técnicas de cultivo, além de favorecer a constituição de "novos costumes e hábitos para acabar de vez com os grandes males que afligiam o homem do meio rural: o trabalho rotineiro e a ignorância" (ALVES; BERGAMASCHI, 2016, p. 189).

O segundo artigo de Bruno Geraldo Alves, junto com Henrique de Oliveira Fonseca (2015), fruto de pesquisa de mestrado de cada um dos autores, aprofunda o estudo sobre o tema da educação rural com vistas a "entender as dimensões discursivas e práticas do ensino agrícola, principalmente em Minas Gerais e em São Paulo, na primeira metade do século XX, empenhadas no espaço público utilizando-se de projetos e discursos" (ALVES; FONSECA, 2015, p. 171). Com recorte no período de 1930 a 1940, no estado paulista a análise recaiu sobre o movimento de ruralização do ensino capitaneado por Sud Mennucci; já em Minas Gerais, o foco foi o projeto e a implementação da Fazenda Escola de Florestal.

Mennucci se destacou no contexto do ruralismo pedagógico do século XX como um defensor ferrenho do ensino rural como projeto de transformação do sistema educacional brasileiro. Dirigiu uma associação de professores, por mais de três décadas, e fundou a *Revista do Professor* (1934-1939) – uma das fontes principais dos autores – na qual difundia suas ideias e propostas. Outra fonte foi a *Revista da Produção* (1937-1942), porta-voz da Secretaria da Agricultura, Indústria, Comércio e Trabalho de Minas Gerais, subordinada, diretamente, ao Secretário de Agricultura do Estado e ao Interventor Federal em Minas Gerais, Benedito Valadares. Essa revista expressava o apoio mineiro à política centralizadora e intervencionista do Estado Novo. Segundo Alves e Fonseca (2015), a *Revista da Produção* tinha um público heterogêneo e estabelecia diálogo com os diversos setores produtivos do Estado, destacadamente aqueles voltados para as atividades agropecuárias. Poderia ser, desse modo, inscrita como parte dos investimentos do projeto de desenvolvimento do estado de Minas Gerais.

A análise das ações do educador paulista se sustentou, basicamente, nas formulações de Sirinelli (2003), notadamente no conceito de *redes de sociabilidade*. Os autores estabelecem um diálogo profícuo com estudiosos do tema da educação rural no Brasil, tais como Corrêa (2007), Mendonça (1997, 2006), Neto (2003) e Ávila (2013), além da História da Educação, como Gatti Junior (2007), Faria Filho (2004), entre outros. O intento foi o de discutir os perfis e conceitos do ensino no campo, visando dimensionar a configuração do cenário educacional, com enfoque para questões, como a mão de obra, o passado escravocrata, a fixação da população na zona rural, o espírito nacional agrário e os projetos educacionais nacionais, destacam os autores. Ao lançarem o foco sobre o discurso ruralista ou o movimento educacional conhecido como ruralismo pedagógico, evidenciam que esse buscava defender, dentro de um campo de forças, projetos de educação que estavam intimamente sintonizados com projetos de nação e que para isso mobilizou um repertório de ações – por vezes paradoxais –, agentes e agências.

Outro estudo que se debruça sobre os discursos acerca das políticas educacionais implementadas em São Paulo, na primeira metade do século XX, foi realizado por Natália Gil (2012). A autora investiga o uso das estatísticas no discurso educacional de documentos oficiais do estado de São Paulo a partir dos anos de 1930, período imediatamente posterior às modificações produzidas pela implementação do modelo de escolas seriadas e de métodos e procedimentos pedagógicos renovados, destinados a ampliar o acesso à escolarização primária e garantir a qualidade do ensino.

O uso corrente das estatísticas estava em voga por todo o país, entre o final do século XIX e início do século XX, quando intelectuais e funcionários de governo se empenharam no sentido de construir um estado nacional moderno que se equiparasse às nações desenvolvidas, sobretudo Europa e Estados Unidos. A autora destaca o grande prestígio usufruído pelas estatísticas, naquele momento, no âmbito da formulação das políticas educacionais, em função de sua suposta impessoalidade e legitimidade como recurso racional e objetivo para a avaliação e para a condução dessas políticas. No caso em tela, a autora procura evidenciar o caráter fortemente político dos discursos que se apoiavam na estatística, ancorados nessas características, com vistas a alcançar sua eficácia política.

Utilizando farta documentação oficial – Boletins da Secretaria da Educação e Saúde Pública do Estado de São Paulo (entre 1936 e 1938), Anuários do Ensino do Estado de São Paulo (publicados em 1936 e em 1937) e Boletins do Instituto Nacional de Estudos e Pesquisas Educacionais (publicados entre 1939 e 1952) –, a autora analisa as informações relativas aos ensinos primário e normal, tratados sob o aspecto administrativo e pedagógico, bem como, ainda, as informações, análises e sugestões para otimizar o rendimento da escola primária, inclusive sob aspectos higiênicos e assistenciais. Analisa, especialmente, textos de autoria de Almeida Junior e Lourenço Filho, gestores em diferentes esferas federativas na década de 1930, responsáveis pela organização dos Boletins da Secretaria de Educação e Saúde Pública de São Paulo e do Instituto Nacional de Estudos e Pesquisas Educacionais (Inep), respectivamente.

Gil estabelece diálogo com os estudos do campo da História da Educação com base em Carvalho (2003) e Souza (2009), entre outros. Na problematização principal do texto, se ancora, principalmente, em análises de Foucault (1978, 1981, 2004) e

Desrosières (1995) sobre as estatísticas como um *modus operandi* do poder e da racionalidade da política do Estado. Embora concentre sua análise no estado paulista, a autora destaca o modo como o uso das estatísticas possibilita uma comparação das informações quantificadas entre diferentes estados do Brasil, ao mesmo tempo que faz circular uma certa representação da excelência da escola paulista, sustentada pelos números. Isso porque grande parte da elite intelectual e governante, que fazia tais ideias circularem, atuava em São Paulo, onde, efetivamente, foram feitas as primeiras ações para criar uma escola considerada adequada ao novo regime de governo. Natália Gil expressa bem a importância de sua abordagem ao destacar a raridade dos estudos que associam a questão da modernidade pedagógica, em São Paulo, à análise sócio-histórica das estatísticas.

No conjunto dos textos que compõem esse segundo recorte, as investigações de Alves e Bergamaschi (2016), Alves e Fonseca (2015) e Gil (2012), oferecem grandes contribuições à História da Educação e ao campo das políticas públicas. Primeiro por situar os debates que estão ocorrendo nos estados no plano mais global do contexto nacional, ou seja, problematizam seus objetos de investigação considerando as concepções em torno do ruralismo brasileiro, pautadas a partir do ideário de modernização nacional. Do mesmo modo, Gil (2012) expande sua reflexão ao mostrar que os discursos políticos que legitimam o uso da estatística em São Paulo também estão presentes por todo o país num momento em que governos e autoridades investem na modernização da educação por meio da racionalização das ações. Texto importante este, pois evidencia o modo como os pressupostos da neutralidade e da racionalidade científica foram apropriados pelas políticas educacionais republicanas. E segundo, porque dão a ver os processos de formulação das políticas nos primórdios da instalação do regime republicano como um campo de disputas e de negociações no qual nem todos os agentes conseguem fazer valer suas ideologias e suas intenções políticas. Essa perspectiva vai ao encontro das formulações teóricas do campo das políticas públicas que reconhece como importante compreender o papel de outros segmentos, além do governo, na formulação de tais políticas, sendo cada qual com maior ou menor influência nesse processo. Reafirma-se, assim, a importância de se considerar, nos estudos, os grupos de interesses envolvidos, as instituições, as interações, ideologias. (SOUZA, 2006).

Além disso, as temáticas discutidas em cada um dos textos – formação profissional, ensino rural e uso das estatísticas – foram abordadas num momento privilegiado para se compreender o modo como as elites políticas republicanas viam a possibilidade de inserir o país no curso do desenvolvimento e do progresso trazido pela modernização capitalista. Os estudos sobre os temas do ensino agrícola e rural são importantes para a compreensão dos embates em torno da História da Educação rural no país e para a compreensão das opções políticas voltadas para esse tipo de educação. Certamente, tais estudos contribuem, ainda, para a compreensão dos mecanismos históricos que transformam as diferenças em problemas, ao trazerem para os debates a historicidade dos significados construídos ao longo dos tempos. A preocupação com o ensino das populações que habitam o meio rural ainda é parte dos debates em torno das políticas públicas para a educação do campo ou no campo, como nos mostra Bezerra Neto (2012)

Destacamos ainda que os estudos de Nogueira (2015), Alves e Bergamaschi (2016) e Alves e Fonseca (2015) se debruçam sobre elementos fundamentais no âmbito das políticas públicas ao abordarem os "projetos de modernização do estado de Minas", "o projeto educacional desenvolvido no Aprendizado Agrícola de Barbacena" e o "projeto e na implementação da Fazenda Escola de Florestal/MG", respectivamente. Sobre essa perspectiva, Souza (2006, p. 26) esclarece que as "políticas públicas, após desenhadas e formuladas, desdobram-se em planos, programas, projetos, bases de dados ou sistema de informação e pesquisas. Quando postas em ação, são implementadas, ficando daí submetidas a sistemas de acompanhamento e avaliação."

Com relação ao uso das fontes nesse agrupamento, constatamos a proeminência de documentos produzidos no âmbito do Estado: Alves e Bergamaschi (2016) utilizaram, entre outros, a legislação e os relatórios do Ministério da Agricultura, Indústria e Comércio (MAIC); Nogueira (2015), as mensagens dos presidentes do estado de Minas Gerais e os Anais do Congresso Mineiro; e Gil (2012) lançou mão de Boletins e Anuários relativos ao ensino de São Paulo.

Ao tomar como fontes os debates parlamentares para compreender os debates sobre políticas educacionais mineiras, Nogueira (2015) mobiliza outro conjunto documental de relevância para o campo. Para Sanfelice, essa documentação,

> proveniente da tramitação da legislação educativa chama a atenção para o papel das câmaras legislativas do país na formulação das políticas de ensino. Ainda que, de fato, o estudo do Poder Legislativo seja um importante meio para investigação do que a lei não materializou, são poucas as reflexões acerca da ação parlamentar no âmbito educacional. Significativamente, as emendas populares, as emendas oferecidas em plenário, os projetos derrotados e os substitutivos revelam tendências, hegemonia, representatividade de grupos e segmentos atuantes na formulação das políticas públicas que contam com poucos estudos sistemáticos e quase nenhuma análise de conjunto. (SANFELICE 2004, p. 100-02, *apud* PAULILO; ABDALA, 2010, p. 128)

Nessa direção, constituem fontes indispensáveis os debates presentes nos Anais do Congresso Mineiro, considerados por Nogueira (2015) lugares de produção de discursos e de produção das intenções de elaboração do pensamento político republicano.

Uma abordagem exemplar no trato das fontes foi realizada por Alves e Fonseca (2015, p. 171-72), que tomaram a *Revista do Professor* de São Paulo e a *Revista da Produção* de Minas Gerais para discutir "os perfis e conceitos do ensino no campo, visando dimensionar a configuração do cenário educacional" brasileiro. Além de problematizar as condições de produção das revistas, os autores mostram as tensões e as disputas políticas que se imbricavam nos discursos nelas veiculados. Embora o trato metodológico das fontes tenha sido muito bom, a opção pelo uso dessas duas únicas fontes acabou restringindo as análises, não permitindo apreender diferentes pontos de vista sobre os temas debatidos.

Ainda no conjunto de textos desse segundo agrupamento de estudos, observamos uma maior interlocução com os estudos do campo da História da Educação: Gil (2012) com a produção sobre a escolarização paulista, Nogueira (2015) com as discussões sobre a educação profissional em Minas Gerais, e Alves e Bergamaschi (2016) com estudos empíricos mais amplos sobre educação rural do país.

Do ponto de vista das abordagens teóricas, podemos apontar outra fragilidade nos textos que investigaram as duas instituições de ensino agrícola: o Aprendizado Agrícola de Barbacena/MG (ALVES; BERGAMASCHI, 2016) e a Fazenda Escola de Florestal/MG (ALVES; FONSECA, 2015). Trata-se do fato de não considerar as contribuições que a história das instituições teria a oferecer aos estudos. Quanto à interlocução teórico-conceitual com o campo das políticas públicas, percebemos na polissemia das expressões, em especial no texto de Gil (2012), a utilização de diversos termos para se referir às políticas, tais como: políticas do governo, políticas governamentais, políticas educativas, políticas de educação. Como o objeto principal da investigação é a estatística, a autora dedica sua reflexão teórica central a ela, não situando, contudo, esse tema no debate mais amplo do campo das políticas públicas, embora reconheça o seu pertencimento a ele. Desse conjunto de termos, percebe-se claramente a influência portuguesa e seu uso corrente da expressão "políticas educativas" em autores como Boaventura Souza Santos, Almerindo Afonso Janela e Antônio Nóvoa.[8]

Entre outros fatos, os estudos que temos discutido são, contudo, importantes para o campo das políticas públicas educacionais por historicizar os embates e as disputas que persistem ainda hoje no âmbito da formulação das políticas, seja para a forma-

[8] Ver: TEODORO; ANÍBAL, 2007.

ção profissional, seja para o campo ou para o meio rural. Mudam-se as concepções (ensino rural, educação rural, educação no campo, do campo...), mas os embates persistem e colocam em cena projetos de construção da nação brasileira (BEZERRA NETO, 2012).

AS POLÍTICAS EDUCACIONAIS NA SEGUNDA METADE DO SÉCULO XX

Nesse terceiro recorte, reunimos os estudos que contemplam um período marcado pelos intensos debates no campo das políticas públicas educacionais brasileiras sob a influência de organismos internacionais, tais como a Comissão Econômica para a América Latina e Caribe (Cepal), a Organização para a Cooperação e Desenvolvimento Econômico (OCDE), e a Organização das Nações Unidas para a Educação, Ciência e Cultura (UNESCO). A educação era vista não só como fator de transformação da mentalidade social, mas, simultaneamente, como motor e consequência do desenvolvimento econômico.

Em dois artigos, Maria das Dores Daros (2012, 2016) apresenta resultados de suas investigações sobre as políticas educacionais das décadas de 1950 e 1960. Em ambos, investiga a temática da transnacionalização e da modernização vinculada ao desenvolvimentismo e às políticas. No artigo de 2012, Daros se debruça sobre as teorias da modernização e a teoria do capital humano que, nesse período, reforçam a crença no planejamento na condução racional das políticas públicas para a modernização do Brasil. Discute ainda como seu deu o envolvimento de intelectuais no debate e na implementação dessas políticas, bem como a vinculação desses aos organismos internacionais.

Como fonte principal, a autora elege a *Revista Brasileira de Estudos Pedagógicos* – RBEP, que veiculava inúmeros artigos de autores brasileiros e estrangeiros que discutiam a relação da educação com o processo de desenvolvimento, bem como publicava documentos produzidos pela UNESCO com as recomendações das Conferências Internacionais de Instrução Pública realizadas entre 1946 e 1962. E analisa a presença de outras organizações internacionais, tais como OCDE, Cepal e FMI, não só no campo financeiro mas também na ajuda técnica para a definição das prioridades educacionais entendidas como fundamentais para o desenvolvimento do país. Daros busca explicitar o modo como se articularam as propostas educacionais com as ideias transnacionais protagonizadas pelos organismos internacionais, considerando que, embora, as leis e a organização do sistema educativo brasileiro resultassem da ação do governo, elas seguiam na esteira de um pensamento mais global e de uma estratégia de desenvolvimento definida em função de conveniências de uma sociedade capitalista.

Em termos teóricos, Daros dialoga com as teorias do capital humano de Schultz (1963) e da modernização de Germani (1971). No campo das políticas públicas, mobiliza autores como Azevedo (2000), Cortesão e Stoer (2001), Teodoro (2001), Santos (2001); estudiosos como Xavier (1999), Teixeira (1961), Ianni (1979); e intelectuais como Sirinelli (2003), Miceli (1979), Bomeny (2001). Com esse referencial, a autora explicita os principais conceitos e noções, além de situar os estudos e indicar a linha de investigação que fundamentam sua análise. Reconhece que os documentos analisados tratam da relação positiva de causa e efeito entre educação e desenvolvimento econômico, afirmando que as transformações necessárias ao desenvolvimento são indissociáveis da necessária passagem da sociedade tradicional para a moderna, materializada na sociedade urbano-industrial. E que essa passagem se faz pelas transformações das instituições, o que, em última análise, se dá pela mudança de atitude dos indivíduos. No entanto, destaca que, para além do pressuposto da relação entre educação e desenvolvimento econômico, há uma "preocupação humanista ou uma visão que persegue um ideal de formação com vistas ao exercício de uma cidadania democrática" (DAROS, 2012, p. 193), ainda que, por outro lado, exista uma preocupação com que as políticas de educação possam reforçar interesses das elites dos diferentes países da América Latina, mantendo ou reforçando assimetrias sociais.

Em seu segundo artigo, Daros (2016) direciona o olhar para as influências dos organismos internacionais na educação brasileira buscando compreender as lógicas transnacionais nos debates sobre a educação, tomando como chave analítica o ideário de interpretação do Brasil denominado "nacional-desenvolvimentismo" do governo de JK, para interrogar conceitos, argumentos e intencionalidades presentes nos discursos que atribuem à educação escolar o lugar de instância mediadora dos processos de construção da nação.

A autora mantém o diálogo com os autores já mencionados e acrescenta ao *corpus* documental a legislação educacional produzida pelo Ministério da Educação e Cultura. Ressalta, principalmente, o papel das Conferências sobre Educação, promovidas pela UNESCO e pela Cepal entre 1946 e 1962, na internacionalização da problemática educacional brasileira, visto que nelas foram estabelecidas metas a serem cumpridas, não somente pelo Brasil mas também pelos outros países da América Latina, no sentido de universalização do ensino primário e ampliação dos anos da educação geral oferecida, mudanças no ensino médio e superior, entre outras metas para a educação de adultos, formação e aperfeiçoamento de professores etc. Os compromissos assumidos pelo Brasil aparecem no corpo do primeiro Plano Nacional de Educação, de 1962, no qual o Conselho Federal de Educação reconhece conter as metas educacionais, extraídas de programa de governo e de compromissos assumidos nos eventos transnacionais, estabelecidas para 8 anos, de modo a coincidir com o termo dos compromissos internacionais.

Encontrando-se igualmente na esteira dos debates sobre a temática do desenvolvimento econômico brasileiro e as políticas educacionais nos anos 1950/1960, o artigo de Maria do Carmo Xavier (2012) investiga o repertório cultural que particularizou o pensamento e a ação política predominantes nesse período e que vincularam a reconstrução educacional ao projeto do desenvolvimento econômico brasileiro, associando a educação ao progresso da nação. Investigação de natureza bibliográfica, analisa especialmente os discursos e as obras produzidas por dois intelectuais, Anísio Teixeira e Álvaro Pinto Vieira, à luz das ideias de Freitas (1998, 2001, 2007), Furtado (2002), Lafer (2002), Queiroz (1972), entre outros.

Xavier mobiliza um conjunto de conceitos e noções devidamente explicitado e operacionalizado no âmbito da sua interpretação: progresso, desenvolvimento, subdesenvolvimento, industrialização etc. Os intelectuais, intérpretes do Brasil, segundo Xavier, voltaram o olhar para campo educacional convencidos da possibilidade de promover, por meio de reformas de base, mudanças na cultura e na própria estrutura do poder político. Juntamente com os Centros de Pesquisa do Inep, constituíram-se atores institucionais cuja tarefa foi a de "traduzir/produzir na dinâmica regional as linhas gerais da vinculação entre a proposta nacional de reconstrução educacional do País e os projetos do desenvolvimento nacional" (XAVIER, 2012, p. 223). Ainda, proporcionaram a criação de um "movimento de confluência de ideias que se entrecruzaram e agiram em sintonia com a conjuntura histórico-social, tendo em vista o estabelecimento das condições necessárias para que o desenvolvimento pudesse acontecer" (*ibidem*).

Verticalizando os estudos sobre a temática da educação e a modernização brasileira nos anos de 1950, Elaine Aparecida Teixeira Pereira (2013, 2016), por sua vez, dedica-se à análise dos discursos e ações para a efetivação das políticas públicas de formação de professores no meio rural catarinense. Em ambos os artigos, mobiliza o conceito de *campo* de Bourdieu (1990, 1983), os pressupostos de Skinner (2005) sobre leitura e interpretação de escritos históricos e, no terreno da história dos intelectuais, os trabalhos de Carlos Eduardo Vieira (2011, 2008).

Em seu primeiro trabalho, Pereira (2013) identifica esses discursos no âmbito do Projeto de Reconstrução Educacional de Anísio Teixeira, quando na direção do Instituto Nacional de Estudos Pedagógicos (Inep). Como fontes da pesquisa bibliográfica, utiliza as obras *A educação em Santa Catarina: sinopse apreciativa so-*

bre a administração, as origens e a difusão de um sistema estadual de educação (1954) e *A escola elementar e a formação do professor primário no Rio Grande do Sul* (1955), de João Roberto Moreira. Utiliza também artigos da *Revista Brasileira de Estudos Pedagógicos* (RBEP), com destaque para aqueles de Lourenço Filho e Abgar Renault. Todas essas obras foram publicadas no contexto de cientificização do campo educacional brasileiro e se aproximavam das análises embasadas nas Ciências Sociais que, naquele momento, emprestavam seus referenciais ao estudo e diagnóstico das necessidades educacionais do país. Pereira esclarece que a questão rural constituía preocupação dos intelectuais brasileiros que viam as condições precárias das escolas primárias e da formação dos professores das zonas rurais como empecilho aos projetos de modernização e desenvolvimento do país. Também no âmbito dos debates transnacionais, promovidos pelos organismos internacionais, o atraso do meio rural figurava como um dos problemas a serem sanados por meio de investimentos nas condições sanitárias e de educação.

As propostas de intervenção na formação dos professores visavam, segundo a autora, afinar a educação e a formação docente ao impulso modernizador vivido pelo Brasil naquele momento, já que eram vistos como protagonistas na garantia do êxito das reformas. Contudo, os debates em torno da formação de professores apontavam-na como problema e solução ao mesmo tempo, ressalta Pereira. No primeiro caso, são destacadas as dificuldades nos cursos de formação e na atuação do professor primário. A solução estaria, portanto, na melhoria dessas condições e na eficácia do seu trabalho. Os discursos dos intelectuais convergiam na conclusão de que os professores das escolas rurais catarinenses eram fundamentais na modernização de seu meio social e que a escola seria a promotora da fixação do homem no campo.

Aprofundando a investigação anterior, no trabalho de 2016 Pereira analisa as ações específicas voltadas para a formação de professores do meio rural. Como fontes, utiliza a legislação educacional, anuários de Santa Catarina, documentos do Fundo Nacional Ensino Primário e os discursos publicados na RBEP, em especial os de Lourenço Filho e de Murilo Braga. Destaca que, em meio aos projetos de modernização e desenvolvimento do país, o foco no rural colocava em evidência o que de mais inadequado ao impulso modernizador se poderia ter. A tradição rural do Brasil era vista como entrave à unidade da nação e à formação do povo em um sistema de hábitos modernos. Nesse contexto, a modernização do campo e a educação de seus habitantes eram considerados aspectos indispensáveis à modernização nacional, alavancada pelos processos de urbanização e industrialização. O Plano de Reforma para a reorganização dos serviços da educação catarinense previa a construção de escolas normais regionais, construção de prédios escolares, formação complementar e bolsas de estudos para professoras.

O estado de Santa Catarina compôs, igualmente, o escopo da investigação de Marilândes Mól Ribeiro de Melo (2016). Sua proposta consistiu em analisar os Colóquios Estaduais sobre a Organização dos Sistemas de Educação (CEOSE), coordenados nacionalmente pelo professor Durmeval Bartolomeu Trigueiro Mendes e realizados em Florianópolis, Santa Catarina, em 1967, no âmbito dos acordos de cooperação técnica internacional firmados entre Ministério da Educação e Cultura e Unesco nas décadas de 1950/60. No desenvolvimento da análise dos documentos produzidos pelo MEC/Inep nos anos de 1950-60, Melo estabelece diálogo com pesquisadores cujos trabalhos se dedicaram à temática das políticas públicas educacionais vinculadas ao desenvolvimento econômico, tais como Teodoro (2001), Xavier (2012), Souza (2015), Ribeiro (2013) e Santos (1968).

Analisando basicamente os documentos oficiais produzidos pelo MEC, CEOSE e pela UNESCO, Melo ressalta, entre outros pontos, que Santa Catarina recebeu os peritos internacionais, reunidos durante quatro dias com as autoridades locais e técnicos em educação, e logo obteve o diagnóstico de seus problemas, bem como as medidas necessárias para uma efetiva aplicação da primeira Lei de Diretrizes e Bases da Educação Nacional, de 1961: reforma administrativa na Secretaria de Educação e Cultura e estabelecimento de um plano global de educação.

Diante do exposto, podemos afirmar que os textos que compõem o conjunto do terceiro recorte voltam-se para a análise das políticas públicas educacionais no contexto de intervenção das organizações internacionais de natureza intergovernamental, como a ONU, a UNESCO, a OCDE, além do Fundo Monetário Internacional (FMI) e do Banco Mundial. Essas organizações, entre outras, passam a desempenhar um papel determinante "na afirmação do projeto de desenvolvimento, em que, a par da inovação tecnológica, a educação (enquanto formação de recursos humanos) constitui um dos pilares fundamentais" (STOER; CORTESÃO; CORREIA, 2001, p. 121, *apud* DAROS, p. 181). A ênfase do planejamento se dava na racionalidade científica que possibilitasse formular leis gerais capazes de guiar, em cada país, a ação reformadora no campo da educação. Como parte desse projeto de desenvolvimento realizaram-se um elevado número de conferências, missões e assistências técnicas a inúmeros países, entre os quais o Brasil. Do acordo entre a UNESCO e o Ministério de Educação e Cultura do Brasil (MEC) resultou um convênio de assessoria técnica aos estados, entre os quais Santa Catarina, voltados para a organização de seus sistemas de ensino sob a égide do planejamento racional. Esse conjunto de texto contribui, portanto, para a compreensão dos novos modos de regulação da problemática educacional decorrentes da intervenção de organizações internacionais nas políticas educacionais nacionais, intensificadas no período pós-Segunda Guerra Mundial. Há aqui uma acentuada preocupação com as influências externas, globais/internacionais das agências multilaterais que atuaram no processo de formulação das políticas educacionais e seus desdobramentos no plano local.

Enquanto os estudos de Daros (2012, 2016) e Xavier (2012) contribuem para uma compreensão mais amplo da relação entre educação e desenvolvimento no bojo dos acordos internacionais, Melo (2016) e Pereira (2013, 2016) apresentam uma verticalização nas investigações abrindo possibilidade para se compreender aspectos de uma história regional como uma abordagem que faz parte das mudanças na historiografia, desde o início do século XX, e que permite dar visibilidade a aspectos muitas vezes encobertos pela história nacional, "tomada como hegemônica, geral e centralista" (VEIGA, 2012, p. 13-14). Dessa maneira, esses estudos dão "enfoque em relações sociais de espaços e contextos por vezes desconhecidos e até omitidos em relação à tradição da história nacional" (VEIGA, 2012, p. 17).

Outra característica da produção deste último recorte reside no diálogo que as investigações estabeleceram com a literatura do campo das políticas públicas, em especial. Provavelmente, essa situação tenha sido favorecida pela própria característica do conhecimento que surge com a sistematização da produção dessa área e de sua institucionalização como área de conhecimento e disciplina. A crença na racionalidade científica orientou a formulação das políticas na segunda década do século XX, movimento que favoreceu a construção de um arcabouço teórico e o florescimento de inúmeros trabalhos sobre o tema. Sobre essa questão, Martins (2013, p. 278) aponta que tal emergência tenha se dado "por volta de 1958, nos Estados Unidos (EUA)[9] – sob a denominação de *policy science*[10] *– em função de problemas econômicos,*

---

[9] Segundo Martins (2013, p. 279), autores como Frey (2000) assinalam ainda que, na Europa, esses estudos surgiram na Alemanha a partir dos anos 1970, com a ascensão da social-democracia ao poder e a consolidação dos mecanismos de planejamento e cobertura das políticas setoriais.

[10] Martins (2013, p. 278) esclarece que, "a dimensão *polity* se refere à estrutura jurídica, político-administrativa e ao sistema político de um país; *politics* são os processos políticos, permeados de negociações políticas conflituosas para formulação de objetivos e temas da agenda; a dimensão *policy* se refere aos

financeiros e sociais enfrentados pelo mundo ocidental desenvolvido, cuja crise explicitou as dificuldades do poder público." *Uma das preocupações era "fornecer aos policy makers* – fazedores de políticas – ferramentas e instrumentais para enfrentar os desafios do desenvolvimento pós-II Guerra Mundial", enquanto a outra se voltava para a sua construção com um campo disciplinar e acumulação de conhecimento (MARTINS, 2013, p. 278). Na compreensão de Silva (2014, p. 1), pensar na história das políticas educacionais significa considerar não só os

> movimentos de constituição desse campo de conhecimento ou área, mas a sua relação com a constituição do próprio campo das políticas públicas. Neste cenário de interfaces localizam-se tendências de estudos polarizadas tanto pelas matrizes europeias quanto pelas estadunidenses (referidas também como americanas).

No caso dos estudos do terceiro agrupamento, o diálogo maior será com estudiosos de matriz europeia, como em Daros (2012, 2016) e Xavier (2012), que utilizaram, entre outros, Teodoro (2001), Cortesão, Stoer e Correia (2001), além de Azevedo (2000). As influências dessa matriz ficam evidentes não somente nos textos que compõem esse conjunto mas também na maior parte dos estudos da Coletânea como um todo, cujas investigações se concentram em torno "do papel do Estado e de uma das mais importantes instituições do Estado – o governo –, produtor, por excelência, de políticas públicas." Nos EUA essa área "surge no mundo acadêmico sem estabelecer relações com as bases teóricas do Estado", focando suas análises sobre o Estado e suas instituições e menos na produção dos governos (SOUZA, 2006, p. 3).

Mesmo considerando as duas matrizes que dão origem aos estudos desse campo, ao tentar conceituar "políticas públicas", Souza (2006, p. 24-25) adverte sobre o seu caráter polissêmico, afirmando:

> Não existe uma única, nem melhor, definição sobre o que seja política pública. Mead (1995) a define como um campo dentro do estudo da política que analisa o governo à luz de grandes questões públicas e Lynn (1980), como um conjunto de ações do governo que irão produzir efeitos específicos. Peters (1986) segue o mesmo veio: política pública

---

conteúdos da política, materializados em programas de governo, com metas e objetivos a serem cumpridos por meio de ações/ atividades/dinâmicas definidas."

> é a soma das atividades dos governos, que agem diretamente ou através de delegação, e que influenciam a vida dos cidadãos. Dye (1984) sintetiza a definição de política pública como "o que o governo escolhe fazer ou não fazer". A definição mais conhecida continua sendo a de Laswell, ou seja, decisões e análises sobre política pública implicam responder às seguintes questões: quem ganha o quê, por quê e que diferença faz. Outras definições enfatizam o papel da política pública na solução de problemas.

Ainda segundo Souza (2006, p. 25), algumas críticas a tais definições recaem sobre o que consideram a "essência da política pública, isto é, o embate em torno de ideias e interesses." Nesse caso, o foco no papel dos governos, além de deixar de fora o "aspecto conflituoso e os limites que cercam as decisões dos governos" também desconsideraria as "possibilidades de cooperação que podem ocorrer entre os governos e outras instituições e grupos sociais" (*ibidem*).

Em seu conjunto, os estudos do terceiro recorte fariam jus às críticas de Souza (2006) ao se debruçarem sobre as ações dos governos, de seus representantes e de suas instituições. Característica marcante de toda a produção aqui analisada que acentuou, em suas formulações, uma visão de Estado restrita aos agentes políticos e, particularmente, aos governos como sua expressão, não contemplando outros atores sociais e políticos envolvidos nos processos de discussão, formulação e implementação das políticas.

A opção teórico-metodológica de análise das políticas públicas a partir da relação com o Estado é o que leva destacar o protagonismo do governo. Dessa perspectiva, é evidente o esforço no sentido da apreensão dos novos contornos que têm influenciado as decisões, bem como as tentativas de aprofundar os pressupostos teóricos com os quais olham o seu objeto. A esses aspectos, soma-se, por fim, uma grande fragilidade com a qual precisamos lidar que é a ausência de uma problematização das fontes utilizadas, praticamente todas elas documentos oficiais produzidos no âmbito dos organismos internacionais, MEC ou Secretarias de Educação, não confrontadas com fontes de outra natureza.

Gostaríamos de finalizar abrindo algumas questões sobre todo o trabalho dos envolvidos no Projeto: Quais as contribuições da Coletânea ao campo das políticas educacionais? Como estamos lidando com os aspectos teórico-metodológicos de nossas investigações? Estamos contribuindo para a ampliação do conhecimento e para a compreensão dos processos históricos de constituição das políticas públicas educacionais no país? O que estamos fazendo quando investigamos as políticas educacionais?

Buscando delinear as primeiras respostas, nossos estudos parecem se situar predominantemente em um dos dois grupos de pesquisas e publicações brasileiras sobre políticas educacionais apontados por Mainardes (2009). O grupo daqueles que se dedicam a

> estudos de natureza teórica sobre questões mais amplas e abrangentes do processo de formulação de políticas, abrangendo discussões sobre mudanças no papel do Estado, rede de influências no processo de formulação de políticas, abordagens históricas das políticas educacionais brasileiras (geralmente vinculadas à análise do contexto socioeconômico e político) entre outros aspectos. (MAINARDES, 2009, p. 7)

Ou o grupo dos que fazem "análise e avaliação de programas e políticas educacionais específicas" (*ibidem*).

Numa perspectiva metodológica, os conhecimentos produzidos no âmbito da Coletânea possibilitou historicizar os diversos temas de pesquisa (instrução primária mineira, educação de adultos, ensino rural, formação de professores etc.) tomados em seus contextos políticos e socioeconômicos mais amplos, no conjunto das políticas públicas educacionais brasileiras. Por outro lado, é reconhecível a coerência interna da Coletânea, uma vez que todos os(as) autores(as) buscaram efetivamente transversalizar as temáticas previstas no protocolo – moderno, modernidade, modernização – para desenvolverem os seus respectivos temas de pesquisa.

Sobre os aspectos que nos move à autocrítica, percebemos que as preocupações com as questões teórico-metodológicas das pesquisas sobre as políticas educacionais também são compartilhadas pelo próprio campo, como destacou Mainardes (2009, p. 5):

> Partimos do pressuposto de que o debate acerca dessas questões é tão polêmico quanto importante e que, no Brasil, até o presente, são ainda raros os trabalhos que se propuseram a discutir abordagens metodológicas para a pesquisa sobre políticas públicas e educacionais.

Conhecer as discussões travadas na área, como bem observa Alves-Mazzotti (2001), possibilita ao pesquisador dar mais atenção ao conhecimento acumulado e aos referenciais conceituais disponíveis para a abordagem de seus temas.

Acreditamos que essa observação nos retira um pouco do peso que sobre nós é colocado ao percebermos que estamos compartilhando das limitações do próprio campo e que nossas fragilidades são também partilhadas por outros estudiosos, o que não nos autoriza, contudo, a nos acomodarmos, pois o rigor metodológico não pode ser desconsiderado, sob pena de aderirmos acriticamente aos autores "da moda" (ALVES-MAZZOTTI, 2001). A autocritica é, portanto, uma exigência metodológica tão importante quanto os caminhos que escolhemos na realização das nossas investigações, afinal, "a maneira como um pesquisador encara a política educacional influencia o tipo de investigação que se propõe a realizar" (MAINARDES, 2009, p. 5).

Outra fragilidade é o fato de a maioria dos estudos não situar o tema/problema no contexto mais amplo da discussão acadêmica, o que normalmente é realizado na introdução e proporciona o "pano de fundo" às questões levantadas por outros estudos. Alves-Mazzotti (2009, p. 43) denomina essa postura de "narcisismo investigativo", ou seja, acabamos dialogando somente conosco, restringindo o número de interessados nos resultados de nossas pesquisas. Segundo a autora, quando lidamos "com um fenômeno sobre o qual já existe conhecimento acumulado [...] a utilização de um referencial teórico, seja ele uma teoria mais ampla ou um ou mais constructos teóricos, ajuda a focalizar as hipóteses e/ou questões", bem como analisar os dados, evitando que nos percamos no emaranhado de nossas informações (ALVES-MAZZOTTI, 2001, p. 43). O diálogo com outros estudos extrapola a simples menção de uma lista de autores, mas implica na comparação crítica, na corroboração e na discordância entre os resultados obtidos e os estudos anteriores. Aspecto ao qual, nem sempre, os estudos da Coletânea estiveram atentos.

Por fim, ao nos debruçarmos sobre o estudo das políticas públicas educacionais, decerto não podemos desconsiderar as reflexões acumuladas no campo.[11] Por outro lado, nos é importante também saber o lugar que a História da Educação ocupa nesses estudos e, para além desses embates, realizarmos nossas próprias críticas, buscando, por exemplo, compreender que tipo de relação é possível estabelecer com esse campo e que contribuições têm a dar. Um modo de aquilatarmos a importância dos estudos realizados nessa perspectiva é refletir, com Saviani (2000),[12] sobre a relação da História da Educação com a política educacional. Para ele, essa relação se manifesta reciprocamente como "influência" e "dependência". Por um lado,

[11] Essa consideração nos leva a reconhecer a necessidade de dialogarmos com os estudos apresentados nos diferentes congressos da área sob o tema das Políticas Públicas.

[12] Dermeval Saviani. Discurso de abertura do ICBHE (2000) - História da Educação e Política Educacional. <http://www.histedbr.fe.unicamp.br/revista/revis/revis03/art2_3.html>.

> a história da educação, enquanto repositório sistemático e intencional da memória educacional, será uma referência indispensável na formulação da política educacional que se queira propor de forma consistente, em especial nos momentos marcados por intentos de reformas educativas. (SAVIANI, 2000, p. 2)

De outro, "dos rumos adotados pela política educacional depende o peso que a História da Educação irá ter na formação das novas gerações, o que acarreta, no médio e longo prazo, consequências relevantes para o desenvolvimento da área" (SAVIANI, 2000, p. 2). Desse modo, seja como referência na formulação de novas políticas educacionais, seja na formação de novos pesquisadores com interesse de investir nesse campo de modo e influenciar a formulação de novas políticas, temos aí uma tarefa importante a fazer. Acreditamos que a Coletânea do *Projeto Moderno, Modernidade, Modernização: a educação nos projetos de Brasil – séculos XIX e XX* cumpre seu papel de, também, contribuir para o fortalecimento dessa relação de modo bastante profícuo.

Procedimentos metodológicos e construção do lugar de intelectual na coleção "Moderno, Modernidade e Modernização"

Matheus da Cruz e Zica
Ilka Miglio de Mesquita

PREÂMBULO

O retorno aos textos produzidos ao longo dos últimos 7 anos, mesmo que a partir de um recorte específico, versar sobre intelectuais, traz para nós, autor(a) deste balanço, a oportunidade de rememorar momentos de aprendizado coletivo. Aprendizado de viagens, de encontros e debates infindáveis que saíam das salas de reuniões, seguiam para as mesas de jantar e carregavam de volta para casa questões a serem investigadas, para nova produção de conhecimentos publicáveis, como este capítulo teórico-metodológico que ora nos prestamos a desenvolver. É também um reencontro com os colegas, ou com *seus possíveis* inscritos nos artigos de suas respectivas autorias. Com momentos de seus textos, do esforço de produção de conhecimentos que nos passou a oferecer suas capacidades analíticas. É nesse sentido que, a nosso ver, esse balanço não é apenas uma autocrítica, mas é também uma homenagem pelo reconhecimento do esforço empreendido na produção de cada texto. Uma celebração ao esforço sincero. Constatação de podermos olhar para dentro e ver o que se produz quando a diversidade é reunida.

Não é estranha a ideia, pelo menos desde Michel de Certeau, de que nós historiadores(as) somos também dissecadores(as). Cada qual com seu bisturi isola, reparte, sutura, à sua maneira, o corpo das fontes. Cada qual com suas ferramentas que impulsionaram o movimento de diálogo com as evidências. Somo também detetives, cada qual elege e pesquisa indícios. E tecelões, que recompõem as partes, os retalhos (ou restos) do tecido discursivo previamente rasgado. Brincantes, retornamos ao velho prazer da bricolagem colando, cada um(a) ao seu modo, os cacos da história. Foi assim que os(as) autores(as) que abordaram o tema dos intelectuais em seus artigos reunidos nos quatro volumes da Coleção *Moderno, Modernidade e Modernização*, produziram cada qual sua história, como lhes foi possível e desejado, mas não deixando de estar em acordo com o protocolo de publicação.

No papel de quem faz essa retrospectiva, o primeiro desafio que se impõe é a seleção dos textos a serem revisitados. Todos os temas analisados em geral estão conectados de um modo ou de outro com os intelectuais, na medida em que os discursos presentes nas fontes delimitadas pelos(as) autores(as), ao longo dos quatro livros, foram produzidos por figuras históricas próximas desse perfil. Para evitarmos uma generalização tão globalizante, optamos por selecionar os trabalhos que incidiram sobre a trajetória de um ou mais sujeitos que interveio (ou intervieram) no espaço público com uma escrita que versou direta ou indiretamente sobre questões educacionais. Vez ou outra, textos que incidiram sobre um grupo de intelectuais, como um instituto, ou envolvidos em eventos específicos, como congressos educacionais, também foram tomados como estudiosos de intelectuais e incorporados em nossas análises.

Vale lembrar ainda que este balanço está conectado a um dos importantes objetivos do Projeto, que deu origem à Coleção de livros que ora analisamos: "fazer avançar a elaboração de uma teoria sobre o lugar da intelectualidade brasileira na construção da esfera pública e produzir entendimentos sobre as noções de moderno, modernidade e modernização presentes nesses projetos." (Projeto *Moderno, Modernidade e Modernização: a educação nos projetos de Brasil – séculos XIX e XX, PMMM*, financiado pelo CNPq desde 2010).

O desafio nos foi colocado para que possamos trazer no texto como se deu o processo de construção do lugar de intelectual em cada trajetória específica dos sujeitos trabalhados nos artigos, bem como os procedimentos metodológicos utilizados por cada autor(a) da Coleção. Resta-nos, então, delimitar a extensão do desafio: O que dizer *para além* do que já foi explicitado em cada artigo, produzido e endossado pelos pares e por nós mesmos? A partir do impossível da tarefa, procuraremos produzir efeitos, em busca desse *algo a mais* de que falávamos.

INTELECTUAIS NAS CENAS TEXTUAIS: QUAIS PROCEDIMENTOS METODOLÓGICOS? QUAIS PROCESSOS DE CONSTRUÇÃO DO LUGAR DE INTELECTUAL?

Em meio a um padrão que constantemente se autorreformula, em contínua modificação, a fugacidade aparece como uma das principais marcas da modernidade que se apresenta no alvorecer do século XIX. As cisões, multifaces e contradições, que constituem os modos de se experimentar essa modernidade e os processos de modernização que a acompanham, convidaram os sujeitos a produzirem sínteses que trouxessem algum sentido, alguma perenidade ilusória para suas vidas individuais e para as coletividades às quais pertenceram nesses dois últimos séculos. Os intelectuais tiveram papel preponderante nessas elaborações.

Como um importante objeto de nossas indagações, o perigo de se valer da noção de "intelectuais" num registro *apriorístico* – ou *a-histórico* – sempre rondou nossas pesquisas, e o esforço de tomá-la como uma categoria a ser reelaborada e repensada em cada situação concreta analisada segue sendo um dos parâmetros para futuros trabalhos. Captar esses intelectuais em ambientes e embates específicos, integrados a configurações históricas diversas, deve permanecer como baliza fundamental para o futuro do Projeto. E a partir dos diversos modos de elaborar e intervir nas complexas experiências de moderno, modernidade e modernização, nos diferentes Brasis vividos por cada um desses sujeitos analisados, continuaremos engajados na tarefa coletiva de procurar entrever movimentos e permanências num sentido de tomá-los em conjunto.

Assim, em *De honra da família à honra da pátria: modernidade e masculinidade oitocentistas na escrita de Bernardo Guimarães*, Matheus da Cruz e Zica (2012, v. 1) coloca o problema inicial da ausência dos sujeitos masculinos nas pesquisas em História da Educação que trabalham com gênero, tendo em vista que tais sujeitos travam conexões com a escola, a leitura, a profissão docente, o conhecimento. Zica trama sua narrativa em diálogo com os periódicos *O Liberal de Minas* (1869) e *Noticiador de Minas* (1869-1879), tencionando a participação de Bernardo Guimarães em polêmica política exposta nesses dois jornais ouro-pretanos de posição contrária. As poesias publicadas e os trechos de posicionamentos políticos dos sujeitos evidenciam o lugar da fala do intelectual que se expressa e se constrói. As metáforas bélicas com características fálicas, dignas do macho que se potencia mediante a força e o poder, demarcam o lugar do masculino, que age em nome da pátria, luta a favor da nação e procura ser útil ao Estado. O lugar do intelectual está no debate e no embate público, sendo a imprensa a excelência dessa expressão (ZICA, 2012, p. 81-98).

Em *Os Pedrinhos de Monteiro Lobato e Lourenço Filho: a criança e o Brasil em projetos de modernidade para a nação*, Raquel de Abreu (2012, v. 1) escolhe um modo inusitado para a pesquisa com intelectuais: toma a ficção literária e o recorte geracional da infância. Esse tipo de escolha pareceu-nos singular, na medida em que destoa do tom severo e árido que muitas vezes marca a produção sobre intelectuais. Assim, Monteiro Lobato e Lourenço Filho marcam o lugar de intelectual, configurado no texto de Raquel de Abreu, pela produção de duas obras didáticas dedicadas às crianças brasileiras: *Geografia de Dona Benta* e *Aventuras de Pedrinho*. Dos "projetos empreendidos" no trânsito da "cena pública brasileira e pelas questões nacionais em redes diversas", os intelectuais demarcam seus lugares de homem público que se preocupa com as questões educacionais brasileiras e que "busca uma brasilidade e desenvolvimento nacional num âmbito de discussão cultural, educacional, econômica e artística." (ABREU, 2012, p. 117).

A autora também empreende uma contextualização dos autores analisados que é importante de ser lembrada. Trazemos aqui o caso de Monteiro Lobato:

> Na interpretação de Lobato, ao mesmo tempo que a criança é exposta aos modelos de ideais de moderno para uma nação, há uma contradição inerente à condição do autor, intelectual de seu tempo, com uma história particular que transita entre a herança de menino – neto de fazendeiro, pertencente às oligarquias cafeeiras paulistas, o visconde de Tremembé, uma das clássicas traduções de um Brasil arcaico, rural e desigual – e as expectativas e incertezas do intelectual que experimentou viver num país moderno e desenvolvido no final da segunda década do séc. XX, os Estados Unidos da América. É oportuno lembrar que foi a partir da herança de descendente de uma classe privilegiada de um Brasil arcaico que Lobato se insere no mundo de intelectuais que pensam e articulam projetos de modernidade para o país. (ABREU, 2012, p. 130)

O trecho nos possibilita discorrer sobre o esforço crítico da autora para se descolar da posição de apenas enaltecer a figura do intelectual estudado, tecendo inclusive comentários sobre as limitações próprias a Monteiro Lobato, inscrevendo-o em seu tempo e contexto particular.

Passando por outro artigo do mesmo volume 1 da Coleção, por sua vez intitulado *Ideário pedagógico moderno nos discursos dos intelectuais Henrique Fontes e Oswaldo Cabral: escola primária catarinense (1920-1930)*, Solange Aparecida de Oliveira Hoeller (2012, v. 1) apresenta um panorama a respeito das discussões que marcaram o período estudado, apontando o lugar conferido à educação e da intervenção intelectual no espaço público. Para além do "ideário", a autora segue também em um trabalho de mapeamento de discursos de outros sujeitos no próprio texto dos intelectuais selecionados para a pesquisa:

> Outras argumentações feitas por Oswaldo Cabral (1929, p. 31) apoiavam-se nas ideias de Belisário Penna e de Amaury Medeiros, personagens ligados à área médica, política e educacional, que defendiam os preceitos sanitários e da higiene para a sociedade brasileira. Além das referências nacionais, o autor assinalou a presença daquele que intitulou como um "especialista americano nestes assumptos" de higyene: "Dr. Thomas Wood".
>
> As citações feitas por Oswaldo Cabral sugerem compreender esse intelectual por meio de redes de legitimidade que se sustentam por um léxico compartilhado. Nesse caso, trazendo a cientificidade da área médica para estabelecer a legitimidade de um projeto educativo, tendo no seu cerne os princípios de uma sociedade higienizada e saudável. (HOELLER, 2012, p. 143)

Fica evidente na citação também o interesse da pesquisadora no que concerne ao léxico, ou na história de determinados conceitos, entendidos como chaves para compreender possíveis sensibilidades históricas compartilhadas em determinado tempo e abandonadas em outros. É também esse sentido que a pesquisadora Maria do Carmo Xavier (*in memoriam*) nos legou seu artigo *Educação no debate do desenvolvimento: as décadas de 1950 e 1960*:

> As relações de Anísio Teixeira e Álvaro Vieira Pinto sobre o lugar da escola no desenvolvimento permitem perceber como o repertório analítico da economia política foi utilizado como "caixa de ferramentas". Ou seja, a economia enquanto ciência ofereceu recursos e padrões analíticos, que, combinados a formas específicas de ler e compreender a realidade brasileira permitiu os intelectuais dos anos de 1950, produzir linhas originais de interpretação sobre o nosso atraso. Um movimento que difundiu e fez circular um léxico intelectual que reafirmava a crença no desenvolvimento como alternativa para todos os males da nação [...]. (XAVIER, 2012, v. 1, p. 228)

Também preocupada com o contexto de produção discursiva, está a historiadora Marilândes Mól Ribeiro de Melo (2012, v. 1). Em seu artigo *Educação e modernização no pensamento de Sílvio Coelho dos Santos em Santa Catarina na década de 1960*, que consta do volume 1 da Coleção, o lugar de atuação do intelectual é demarcado, se inscreve na cena do Centro de Estudos e Pesquisas Educacionais (Cepe), para se mover entre "os campos das Ciências Sociais e da Economia" no sentido de problematizar a educação, "realizando projetos e tecendo suas ideias em um campo em plena configuração: o educacional" (MELO, 2012, p. 174). Assim, autora retoma as relações de força estabelecidas no campo concreto da vida que extrapola o universo do mero pensamento e que muitas vezes são definidoras do que produziremos no campo discursivo:

> Seu livro [do intelectual objeto de estudo, Sílvio Coelho dos Santos] Educação e Desenvolvimento em Santa Catarina, publicado em 1968, mas resultado do curso de pós-graduação no Museu Nacional em 1962, [...] foi alvo de crítica "fortíssima da gente do governo" (SANTOS, 1994), isto é, de Ivo Silveira, segundo ele, por fazer interrogações de ordem política. O livro Integração do índio na sociedade regional: o papel dos postos indígenas de Santa Catarina também foi apreendido pela Polícia Federal em sua fase final de publicação pela editora da UFSC, em 1969. Fora apresentado anteriormente ao Professor Florestan Fernandes, cassado pelo regime no período, como encerramento da disciplina Sociologia II, por ele ministrada na USP. (MELO, 2012, p. 172)

Coragem de Sílvio Coelho dos Santos naquele momento. Coragem de Marilândes Melo nessa ocasião. Que possamos todos aprender com essa ousadia. Ousadia de quem busca compreender o que e como significar o estudo sobre intelectuais, pela composição dos sujeitos que travam suas histórias tensas em cada lugar ocupado.

Com relação ao volume 2 da Coleção, iniciamos nossos comentários com o texto do Professor Marcus Aurélio Taborda de Oliveira, intitulado *O lugar do intelectual no prelúdio da modernidade: experiência e tradição seletiva na obra de José Francisco da Rocha Pombo* (2014, v. 2), no qual podemos descobrir a importância da delimitação de um determinado sujeito organizador e divulgador de ideias em meio a um debate mais amplo que marca sua experiência histórica. Experiência que o destaca na produção de livros didáticos, configurando o lugar de "historiador oficial da primeira república". Porém, o interesse intelectual era múltiplo, explorando temas "como educação, imigração, comércio, filologia, indústria, cultura" (TABORDA DE

OLIVEIRA, 2014, p. 39). Demarca-se, assim, um sujeito que não se produz por si mesmo e que não produz fora das marcas de seu tempo:

> Naquela sua rede, para seguirmos uma expressão cara a Sirinelli (2003), que incluía homens como Nestor Vitor, Cruz e Souza, Emílio de Menezes, Emiliano Perneta, entre outros que marcaram uma geração, o tema da renovação da cultura era pedra de toque, ainda que Rocha Pombo se destacasse em relação aos demais pelo valor que concedia à educação para a consecução daquele projeto. (OLIVEIRA, 2014, p. 46)

E o autor conclui seu artigo ainda de modo mais preciso:

> O exercício aqui desenvolvido, capturando parte das ideias de José Francisco da Rocha Pombo, pretendeu desmitificar o intelectual como um ente estranho à cultura que o engendra. Antes, por estar mergulhado intensamente nessa cultura, que é tributária de longos processos de seleção cultural, é que ele pode ser pensado como o elo entre as operações do poder e as possibilidades de crítica ou manutenção da sociedade que as formas de poder permitem desenvolver. (TABORDA DE OLIVEIRA, 2014, p. 61)

Ainda no volume 2, figura o texto *Modernidade pedagógica e formação docente na história da educação de Minas Gerais: registros materiais do movimento pela Escola Nova preservados no Museu da Escola "Professora Ana Maria Casasanta Peixoto"*. Fruto de seu tempo, e também produtora dele, foi ainda a importante figura de Alda Lodi, intelectual e professora mineira, única figura do sexo feminino analisada na Coleção, destacada como autoridade no campo da educação mineira. O fazer-se intelectual de Alda Lodi é compreendido desde sua experiência como professora primária, passando pela sua especialização no Teacher's College, da Universidade de Columbia, de onde retorna como formadora de professores, assumindo depois a Direção das Classes Anexas e deixando um legado de fontes como marcas do tempo e espaço vivido. Com tudo isso, a autora do texto, Nelma Marçal Lacerda Fonseca (2014), nos traz um exemplo de cruzamento de fontes no estudo dessa intelectual com base no arquivo que se encontra no Museu da Escola, em Belo Horizonte:

> São documentos relativos à sua carreira docente e administrativa; correspondência privada e de cunho institucional; agendas diversas; cadernetas de anotações; boletos bancários e contracheques; planos de aulas, cadernos, exercícios e provas de alunas;

> textos manuscritos e discursos; recortes e exemplares de jornais e revistas nacionais e estrangeiras; álbuns fotográficos, diplomas e condecorações; itens ligados à sua fé católica; e uma grande coleção de receitas culinárias. Essa diversidade da documentação possibilitou-me perceber Alda Lodi em diferenciados papéis: a aluna, a docente, a educadora, a administradora pública e a mulher. (FONSECA, 2014, p. 99)

Foi também por meio do procedimento de cruzamento de fontes que Cleide Maria Maciel de Melo (2014, v. 2), em seu artigo *Lúcio José dos Santos e os primórdios da Universidade de Minas Gerais – 1927/1930*, traz à tona uma tensão que é bastante própria ao mundo dos intelectuais, a de que suas visões de mundo disputam a definição do que deve presidir a concretude do real:

> Os documentos consultados [...] levaram-me à suposição de que haveria uma forte tensão entre dois intelectuais que se projetaram na educação mineira na década de 1920: Lúcio José dos Santos e Francisco Campos. A tensão teria chegado ao extremo a ponto de Lúcio dos Santos se afastar da administração estatal. Seu objeto: a disputa por posições antagônicas quanto às orientações pedagógicas a serem adotadas na reforma de ensino primário e normal em andamento. (MELO, 2014, p. 161-162)

Para a percepção da tensão, a autora reconstrói a trajetória intelectual de Lúcio José dos Santos como aquele que poderia, na sua "missão universitária" de ver, ler e conhecer referenciais de universidades modernas, colocar-se no lugar de disputa pelo protagonismo da educação mineira da década de 1920. Essa estrutura de tensões também foi captada na pesquisa de Luísa Marques de Paula (2014, v. 2), exposta no artigo *O presente de carregar o fardo cheio do passado: a trajetória de Aurélio Pires*, no qual afirma:

> Professor, funcionário do Estado, farmacêutico, jornalista. Acredito que os papéis por ele [Aurélio Pires] ocupados durante a vida não se desvencilham e juntos compõem tal personagem. Mais do que isso, aliados à problematização historiográfica e às discussões teórico-metodológicas, tentamos conceber esse homem entendido como intelectual como chave para o estudo de seu tempo, seus pares, aliados e inimigos, e as ideias que compuseram um ambiente específico nas primeiras décadas do Brasil republicano, qual seja, o da instrução pública. (PAULA, 2014, p. 182-183)

Essas multifaces de um sujeito são difíceis de serem captadas. A atenção a esse aspecto das subjetividades intelectuais permanece sendo um dos horizontes para os que se arriscam nessa seara de pesquisa. A mobilização que Paula faz da poesia também é algo a ser destacado, na medida em que uma fonte de registro diferente do discurso linear, privilegiado pelos intelectuais, pode trazer novas visadas a respeito de suas trajetórias.

A tensão é colocada mais uma vez na cena escrita por Rosana Areal Carvalho (2014, v. 2), ao ater-se, no texto *Primitivo Moacyr e as ações parlamentares em prol da educação brasileira*, à particularidade do livro de 1916 desse intelectual, no qual ele "expõe os debates parlamentares que resultaram, ou não, em legislações educacionais." (CARVALHO, 2014, p. 187). Para a autora, o lugar assumido por Primitivo Moacyr é o de observador que acompanha e registra "os dilemas, conflitos e tensões, bem como concepções de educação carreadas pelos parlamentares", os quais, por sua vez, são entendidos pela autora "como porta-vozes de grupos sociais componentes de uma nação em construção [...]", na qual pode ser avaliada "as possibilidades e constrangimentos inerentes ao espaço que medeia os projetos e a realidade" (CARVALHO, 2014, p. 187). Assim, se fez presente as diferenças que se acentuaram nas convicções políticas, nas particularidades regionais e nas alianças firmadas.

Não obstante, Rosana Areal de Carvalho coloca que confrontar os discursos selecionados por Primitivo Moacyr e os Anais da Câmara, bem como a rede social à qual o intelectual se vinculara, é operação histórica para outras produções. O propósito da autora foi "elencar alguns limites do processo de instituição da escola primária nas primeiras décadas republicanas" (CARVALHO, 2014, p. 187). Deixa-nos, então, se não curiosos, prenhes do devir de outras análises. O que vem depois? Pergunta própria das narrativas.

Por sua vez, o texto *Tavares Bastos e a educação no império: as palavras e os conceitos* traz o jurista alagoano não para situar o intelectual, mas para "identificar e analisar alguns aspectos do léxico e dos conceitos presentes nos discursos [...], no que se refere à instrução" (HAMDAN, 2014, v. 2, p. 141). Assim sendo, Juliana Cesário Hamdan esforça-se para a apreensão de como o intelectual Tavares Bastos abrangeu ou atendeu ao sentido de moderno. Ao operar historicamente, percebemos que se trata de outra tendência a ser ressaltada nos trabalhos produzidos ao largo da Coleção: o diálogo interno de autores que participam do projeto. Assim sendo, a autora retoma o artigo de um dos pesquisadores presentes no volume 1 da Coleção para compreender as questões propostas pelo intelectual, se valendo de uma conceituação do moderno bastante específica e que dialoga diretamente com as discussões realizadas no próprio *PMMM*: "estamos tomando como referência para a compreensão do que seja 'moderno' o estudo do professor Marcus Vinícius Corrêa Carvalho, que articula a constituição lógica do conceito de 'moderno' com a sua história" (HAMDAN, 2014, p. 145-146). O artigo citado é *Moderno, modernidade, modernização: polissemias e pregnâncias* (CARVALHO, 2012, v. 1). O mesmo autor, Marcus Vinícius Carvalho, retorna à coleção, desta vez no volume 3, de 2015, publicando um artigo sobre a figura intelectual de Fernando de Azevedo – *A poesia do corpo: civilidade, estética e educação moderna na concepção de ginástica escolar de Fernando de Azevedo* –, também interessado em operar com as diretrizes de *polissemias* e *pregnâncias* dos conceitos. Assim, traz à cena, na sua construção textual, o intelectual Fernando de Azevedo com o seu primeiro exercício de publicação, *A poesia do corpo*, observando "como elementos constitutivos da emergência da civilidade moderna e os debates formais da estética moderna ressoam nas teses azevediana sobre a pedagogia moderna, o caráter e organismo nacional" (CARVALHO, 2015, p. 248). O autor destaca uma importante vertente por vezes abandonada por quem estuda a noção de intelectuais: o desafio de traçar matrizes de pensamento a partir da inscrição dos discursos num recorte de longa duração. Assim pondera:

> [...] a leitura crítica de A poesia do corpo [de Fernando de Azevedo] oferta a oportunidade de um exercício ao longo do qual é possível sugerir a reverberação do debate humanista moderno ocidental, em sua atualização da dialética ambivalente entre moderno e antigo, na formação erudita daquele professor de latim que se alçou a pensador social brasileiro, levando a considerar seriamente as relações entre a ideia de civilidade e suas interdependências, justaposições e imbricações com problemáticas éticas e estéticas na definição das questões morais para a formação social do caráter brasileiro e, consequentemente, seu impacto no pensamento crítico sobre a cultura e a sociedade brasileiras. (CARVALHO, 2014, p. 256)

No volume 4, de 2016, Marcos Vinicius Corrêa Carvalho retoma seu exercício de escrita com o texto *Tradição, modernidade e interesse público nos primeiros escritos de Sérgio Buarque de Holanda*, trazendo à cena o interesse de argumentar a atividade "holandiana", pela sua escrita poligráfica e de interferência política, apontando-nos o nascedouro da construção do seu lugar de intelectual. Percebemos também as tensões estabelecidas pelo autor para tramar a discussão da "nascente trajetória individual de Buarque de Holanda em dinâmicas institucionais, levando a sério os limites entre a estabilização do espaço público e o âmbito dos interesses privados [...]", assim, a mirada intelectual tinha como perspectiva crítica os anos de 1920 sobre "a estruturação educacional e a fruição cultural que visava dar forma ao Brasil moderno" (CARVALHO, 2016, p. 78).

Marcília Rosa Periotto (2015, v. 3), em seu artigo *Projeto de Brasil na imprensa pernambucana: a proposta de Miguel do Sacramento Lopes Gama para a educação das mulheres no século XIX*, de igual modo tenta remontar a visão de mundo de seu autor objeto de estudo, fundada num passado mais distante, mas ainda atuante em seu contexto:

> No discurso de Lopes Gama verificam-se interesses cristalizados numa visão de mundo amparada nas tradições católicas, mas, ao mesmo tempo, reveladores da impossibilidade de conter a penetração das práticas copiadas dos estrangeiros no cotidiano social brasileiro. Essa compreensão tornou-se guia na sua crítica social, sempre visando diminuir as influências negadoras da fé religiosa e, em particular, do poder da Igreja Católica nos domínios da política de governo. (PERIOTTO, 2015, p. 47)

O trecho citado acima aponta também para a importância de se delimitar as seleções culturais operadas pelos sujeitos de nossos estudos. Sujeitos que se fazem intelectuais sem se desprender dos seus preceitos, operando no lugar de atuação política (a imprensa) diante de demandas do recente império, para difundir suas ideias e opiniões. Assim, pela crítica dos costumes sociais, pautou-se na produção do "debate político de construção da nação com conteúdos que agregavam religião e moral a uma compreensão da inevitabilidade da aplicação de práticas progressistas no campo social e produtivo" (PERIOTTO, 2015, p. 47).

Ainda nos detendo no terceiro volume da coleção, o artigo de Luciano Mendes de Faria Filho e Bruna Marinho Valle Roriz (2015, v. 3), *O Brasil para argentino ler: aproximações do livro El Brasil intelectual: impresiones y notas literarias, de Garcia Mérou*, é exemplar no sentido de que se propõe

> [...] apresentar os recortes e as seleções efetuados por Martín García Mérou, no leque de pensadores e pensamentos brasileiros do século XIX, para construir o seu "Brasil intelectual", apresentado no livro *El Brasil intelectual*: impresiones e notas literárias. (FARIA FILHO; RORIZ, 2015, p. 71)

O lugar que contém o discurso é o livro *El Brasil intelectual* e o lugar de onde falou o intelectual sobre intelectuais brasileiros, para expor suas impressões e notas literárias, é o de diplomata. Nesse sentido, o texto dos autores nos remete à possibilidade de continuar com indagações sobre a circulação de saberes pelo intercâmbio intelectual; nas relações entre literatura e diplomacia, pode tanto nos fazer sentir as apreciações salutares, como tentar compreender o quase apagamento na leitura de Brasil "de um dos literatos mais respeitados do período", Machado de Assis. As problematizações levantadas por Luciano e Bruna evidenciam a análise de historiadores que produzem narrativas pela dissecação de suas fontes.

Em *"A hora atual do mundo": Carneiro Leão, Orestes Guimarães e a modernidade educacional no Brasil dos anos de 1920*, de Solange Aparecida Hoeller, Carolina Ribeiro Cardoso da Silva e Vera Lúcia Gaspar da Silva (2015, v. 3), o lugar ocupado pelos intelectuais do título é o de intérpretes do Brasil. Agora, os intelectuais brasileiros se colocaram "como porta-vozes do povo brasileiro", apontando causas e soluções para aqueles anos de 1920. Para tanto, as autoras insistem em entender o lugar de produção das interpretações de Brasil produzidas por Carneiro Leão e Orestes Guimarães e avaliam que indiciaram "tensões pertinentes aos campos educacional e social." (HOELLER; SILVA; SILVA, 2015, p. 96).

Leziany Silveira Daniel (2015, v. 3), por sua vez, em *Educação e Ciências Sociais: discussões do intelectual brasileiro João Roberto Moreira (1912-1967)*, investe sua análise nesse intelectual que atuou "em órgãos como o Instituto Nacional de Estudos Pedagógicos (Inep) e o Centro Brasileiro de Pesquisas Educacionais (CBPE), no Brasil", e cuja atuação no campo da educação, para a autora, parte de "pesquisas diletantes e baseadas em especulações teóricas" (DANIEL, 2015, p. 117-119). Assim sendo, Daniel traz de volta a questão da preocupação com o léxico, central na reflexão sobre a trajetória conceitual na obra de intelectuais, o que permite captar desvios, mudanças de percurso ou permanências nos discursos:

> Já na segunda fase, décadas de 1950 e 1960, os termos Ciências Fontes da Educação e Pedagogia Científica são substituídos, mais fortemente, no discurso de Moreira, pela preocupação em torno da maior aproximação entre a Educação e as Ciências Sociais. Podemos perceber, assim, que embora com a mesma preocupação, a nomenclatura e os conceitos utilizados sofreram mudanças. (DANIEL, 2015, p. 112)

Esses léxicos compartilhados estão diretamente ligados ao trabalho de contextualização exercido pelos historiadores ao abordarem trajetórias intelectuais. Há uma passagem, nesse sentido, no artigo de autoria compartilhada de Ilka Miglio de Mesquita, Daniel Luiz Santos Meneses e Gustavo dos Santos (2016, v. 4), intitulado *Espaço de experiência e horizonte de expectativa em "Cultura Jurídica no Brasil (1822-1922)" de Plínio Barreto*, que merece ser transcrita:

> Nesse mesmo contexto, a Semana de Arte Moderna, movimento realizado nas noites dos dias 13, 15 e 17 de fevereiro de 1922, no Teatro Municipal de São Paulo, aprofundou-se no esforço de "redescoberta do Brasil" e de sua identidade. O espaço de expectativa desses intelectuais modernistas consistia no desejo de decifrar os enigmas do passado brasileiro, a fim de poder interferir na produção de seu futuro. Discute, então, as barreiras e obstáculos ao desenvolvimento do Brasil em detrimento do passado imperial. Ao que se sabe, Plínio Barreto dialogava pouco com os modernistas brasileiros, sem manter proximidade no sentido de sociabilidade, por não participar ativamente do movimento. Fizera, no entanto, críticas literárias de obras de Mário e Oswald de Andrade, dois dos principais expoentes da Semana de Arte Moderna, presentes na sua obra Páginas Avulsas.
>
> Dessa forma, evidencia-se que a década de 1920 não foi marcada apenas pelos conflitos políticos intra-oligárquicos, movimento tenentista, fundação do Partido Comunista Brasileiro e a intensificação do movimento operário. Esses movimentos tinham posicionamentos de caráter reformista, questionando a descentralização, o fortalecimento do poder central e a unificação do Poder Judiciário. (MESQUITA; MENESES; SANTOS, 2016, p. 142)

Matizar as posições de determinado autor e uma conjuntura história específica é preciso fazer no sentido de evitarmos o "encaixotamento" de sujeitos em grandes tendências generalizantes, conforme denotam os conceitos de "escolas de pensamento" ou "escolas literárias". Difícil é captar as múltiplas pertenças, as contradições. Pertenças difíceis de situar quando o sujeito intelectual estudado não se identifica, como é o caso de Plínio Barreto, em passagens pela política: "Não sou político no sentido restrito da palavra, ou mais claramente, não sou político partidário" (MESQUITA; MENESES; SANTOS, 2016, p. 139). Contradições que podem ser exemplificadas pela não identificação como político partidário. A situação vivida do sujeito estudado pode ser trazida à tona: era filiado a um partido político, fora interventor nomeado por Vargas e ainda deputado eleito em 1945. Porém, seu engajamento intelectual pareceu-nos muito mais como jornalista e crítico literário, no qual não deixou de transparecer seus conhecimentos jurídicos de projeção iluminista. Por isso, contradições no plural.

É evidente que em alguns casos e momentos particulares sujeitos acabam se engajando mais fortemente com tendências e grupos específicos, como parece ter sido o caso de Primitivo Moacyr, tal qual nos descrevem os pesquisadores Rosana Areal de Carvalho e Raphael Ribeiro Machado (2016, v. 4), em *Os subsídios de Primitivo Moacyr para a modernização da educação brasileira*:

> Nossa hipótese insere tal obra no movimento de modernização educacional como subsídio para os projetos de intervenção do Estado, em especial o Estado Novo, destinado a construir um novo tempo republicano. Tal intervenção se concretizaria sob os auspícios do INEP, um dos órgãos criados no governo getulista como expressão de modernização do Estado brasileiro e com o qual o autor contribuiu amplamente, indicando outro espaço público por ele frequentado. (CARVALHO; MACHADO, 2016, p. 119)

Para os autores, inspirados por François Sirinelli e por Ângela de Castro Gomes, localizar Primitivo Moacyr e sua obra foi essencial para "entender as condições sociais, políticas e culturais que autorizavam e legitimavam certos modos de pensar a educação e a História da Educação", bem como "captar a ambiência sócio-político-cultural" com a intenção de mapear a dinâmica de "grupos intelectuais reunidos em lugares de sociabilidade legitimados para o debate e a propagação de ideias, indissociáveis de formas de intervenção na sociedade" (CARVALHO; MACHADO, 2016, p. 117).

Por sua vez, valendo-se de inspiração literária, o autor Henrique de Oliveira Fonseca (2016, v. 4), no artigo *Sociedade dos amigos de Alberto Torres e a educação rural (1930-1940)*, bem como muitas das pesquisas que temos analisado, tenta também inscrever o intelectual, objeto de seu estudo, num contexto demarcado em que circulavam ideias e propostas bastante particulares.

> Um paralelo possível de ser feito com o personagem Policarpo Quaresma é o político e sociólogo Alberto Torres que, nas primeiras décadas de 1900, iniciou um ciclo de publicações que visavam criticar a recém-instaurada República. Embasado em uma concepção anti-urbana, Torres argumentava que a República não havia conquistado nem estruturado uma unidade nacional, não existia o espírito patriótico em seu povo, assim, através de reflexões acerca do nacionalismo, do agrarismo, da imigração, da

> reorganização do trabalho e do Estado, Torres foi desenhando uma concepção para o Brasil. (FONSECA, 2016, p. 157-158)

No caso de estudos de grupos intelectuais, o procedimento também segue nessa vertente de situar o objeto de pesquisa em relação aos centros produtores de discurso em um mesmo dado tempo histórico. É para esse fato que nos chamam a atenção os autores Vanessa Costa de Macedo e Luciano Mendes de Faria Filho (2016, v. 4), em *Mediação e sociabilidades intelectuais: uma análise da constituição e da atuação do Instituto de Estudos Brasileiros (1937-1944)*:

> Os fundadores do IEB buscaram marcar a diferença em relação a outras iniciativas em curso, em especial as universidades de formação superior e a tendência da especialização do conhecimento com a criação da Universidade de São Paulo – USP (1934) –, da Universidade do Distrito Federal – UDF (1935) – e da Universidade do Brasil – UB (1937). A iniciativa que configura o IEB se insere num contexto de exercício intelectual que toma novo fôlego, a partir da década de 1930, com o fortalecimento das estratégias editoriais e com a crescente indústria do livro no Brasil. As universidades estavam em um processo de expansão e especialização caminhando para se tornarem o espaço privilegiado de produção do conhecimento nas décadas que se seguiram, mas a existência de institutos como o IHGB, a Academia Brasileira de Letras, das casas editoriais – José Olympio, Irmãos Pongetti –, assim como das associações, configuraram um amplo espaço de exercício intelectual muitas vezes com subsídio do próprio estado onde estes homens de letras empreenderam uma verdadeira missão de pedagogos da nacionalidade. (MACEDO; FARIA FILHO, 2016, p. 254)

Para concluirmos nossas análises de retomada dos textos da Coleção, vale lembrarmos o desafio de todo historiador que trabalha com intelectuais em interface com a educação: Como não se deixar levar pela retórica bem fundamentada desses sujeitos a fim de não nos tornarmos reféns de seus discursos perdendo a crítica em relação às suas posições defendidas? Um bom antídoto para essa possível cegueira é o procedimento de procurar também os grupos contrários aos do intelectual principal do estudo, apontando possíveis tensões vividas. Seus detratores nos ensinam muito a respeito das limitações humanas e das contradições dos sujeitos em diferentes experiências históricas. Assim procedeu Raylane Andreza Dias Navarro Barreto, em dois textos publicados na Coleção: *O moderno Tobias Barreto de Meneses no Brasil Império* (2015, v. 3) e *Tobias Barreto e a educação: ideias de um moderno no império brasileiro* (2016, v. 4). No primeiro, temos Tobias Barreto, pensador social, se posicionando no espaço público, seja na apresentação de projeto de lei, o *paternogógio*, seja fundamentalmente no seu *lócus* de atuação, como homem de letras que produziu tensões na atuação jurídica, docente, jornalista, redator e político, arregimentando inimigos por onde passava.

> Foram muitas as antipatias, a começar pelos colegas José Soriano de Souza, José Higino Duarte Pereira, João Vieira, que de amigo passa a inimigo, Barros Guimarães, Anibal Falcão e Álvares da Costa, todas essas pessoas que de um modo ou de outro Tobias considerava 'idiota', 'bobo', 'medíocre', 'asno', 'limitado', 'imbecil', 'miserável', 'borrego', 'centopeia', entre outros adjetivos. (BARRETO, 2015, p. 34).

No segundo texto, pela operação histórica que faz sobre a construção do lugar de intelectual produzido por Tobias Barreto, a autora não deixa de expor o que disseram seus coetâneos:

> Tobias foi considerado, por alguns dos seus contemporâneos e intérpretes como é o caso do escritor Franklin Távora (1996), um mestiço impulsivo, malcriado, briguento e polemista, com educação roceira e rudimentar, cuja vulgaridade e chulismo, por vezes, colocavam em dúvida seu letramento a ponto de seus críticos considerarem sua obra fragmentária e incongruente. Entretanto, também angariou vários adeptos e seguidores, inclusive nas gerações que lhe sucederam, o que legitima suas ideias mesmo que elas destoassem dos seus contemporâneos que tinham peso no cenário político e sobretudo intelectual. (BARRETO, 2016, p. 97)

Acreditamos, portanto, que não podemos destituir o sujeito intelectual do seu tempo vivido e muito menos reconstruir imagens tais quais se projetaram. No entanto, podemos, na arte do nosso ofício, compor o tecido narrativo com os restos que nos deixaram. Não para legitimar o lugar construído por cada um dos intelectuais estudados, mas, no processo da bricolagem, fazer vir à tona as contradições, as tensões e, acima de tudo, ousar em alargar as potencialidades de estudos sobre intelectuais.

PARA FINALIZAR E O QUE PODEMOS DIZER DE PARÂMETROS E POSIÇÕES METODOLÓGICAS SOBRE O TEMA/NOÇÃO/TERMO INTELECTUAIS...

Na complexidade do desafio de responder como teria se dado o processo de construção do lugar de intelectual nas trajetórias traçadas por cada autor de texto, bem como os procedimentos metodológicos para tais composições, parece-nos que a ousadia também pertence aos leitores que assim se dispuserem nessa aventura de dissecadores de escritas. Se quiserem embarcar na ousadia de comporem outras narrativas com o tema ou a noção de intelectual, ou mesmo fazer a crítica de nossos escritos, deixamos aqui exemplos de atitudes tomadas.

Para tanto, ficam nossos recortes, nossas marcas de leituras, bem como nossas inspirações providas de diálogos efetuados com estudiosos que se enveredam por decifrarem os léxicos construídos ao longo do tempo para designar o que se entende por intelectual, tendo em vista a polissemia do termo.[1] Cada um(a), a seu modo, procurou identificar, por meio de procedimentos metodológicos, decifrar representações e autorrepresentações dos intelectuais e/ou grupos estudados. Essas representações e autorrepresentações de intelectuais muitas vezes foram colocadas sobre tensão e, assim, os sujeitos estudados foram decifrados para além de como desejaram serem reconhecidos. Mas, por outro lado, continuaram sendo identificados enquanto mediadores, dirigentes, agentes políticos e educacionais, produtores de capital cultural, entre outros "sentidos" provenientes dos léxicos já incorporados na escrita acadêmica. Por assim proceder, foram selecionados termos para identificá-los ou designá-los. Um esforço metodológico de dialogar teoria e empiria e, assim, proceder no sentido de ressignificar a construção de conhecimento.

Diálogos com periódicos e poesias apontando posicionamentos políticos e o lugar de fala do intelectual; busca de decifração de conceitos para compreender sensibilidades históricas; desmistificação do intelectual como sujeito estranho à cultura que o produziu; atenção às particularidades dos livros produzidos pelos intelectuais estudados; zelo com os léxicos e conceitos presentes na produção intelectual; operação sobre *polissemias* e *pregnâncias* dos conceitos; remontes das visões de mundo

---

[1] Ver estudos empreendidos por Carlos Eduardo Vieira. Em seu artigo "Intelectuais e Educação na revista *Pensar a Educação em Revista*, Curitiba/Belo Horizonte, v. 1, n. 1, p. 3-21, abr.-jun. 2015, o autor explica a polissemia do termo.

do intelectual estudado; identificação de recortes e seleções efetuadas no processo de produção do intelectual; estranhamentos identificados nos apagamentos de sujeitos e memórias; olhar sobre trajetórias intelectuais; inspirações literárias para compreensão do intelectual estudado; estudos de grupos intelectuais; e, por fim, operação de cruzamentos de fontes e tensões estabelecidas para trazer à tona o *olvido*. É assim que expressamos aqui alguns traços, pensados como síntese, que podem evidenciar procedimentos metodológicos empreendidos por cada autor(a).

Por assim operarem, pudemos ver o processo de construção do lugar de intelectual, que se deu no debate e no embate público via imprensa; na produção de obras didáticas; nos discursos sobre o lugar da escola no desenvolvimento; nos centros e institutos de pesquisa; na docência e como autoridade da educação; na observação, acompanhamento e registros parlamentares; na escrita poligráfica e de interferência política; na atuação política; na diplomacia e no lugar de intérprete do Brasil; nas associações como espaço de exercício intelectual; na atuação de pensador social nos campos jurídico, político, jornalístico, docente.

Contudo, promovemos alguns parâmetros para pensarmos teorias e metodologias nas pesquisas em História da Educação. Trazendo questões mais gerais para a abordagem dos intelectuais, talvez possamos incrementar o trabalho de balizamento de nossos avanços e pendências. E talvez evitaríamos o tom de um consenso generalizante, o que para o tema *intelectuais* significaria a busca por deslindar as estruturas hierárquicas que sustentam os discursos de cada sujeito em cada fase de sua vida, bem como as redes de relações que em cada momento permitem ou impedem a atuação de determinados intelectuais em determinados contextos.

Quem sabe, ainda, aguçar nossos interesses pelos estudos que fujam da referência de "ideias desencarnadas". Estaríamos dispostos a trazer as questões do corpo e das materialidades para o estudo de nossos intelectuais? Estamos atentos ao dialogismo e às inter-relações como tendência importante nos estudos de Ciências Humanas? Ao levantar essas questões, estamos talvez estimulando reflexões que podem evitar trabalhos autocentrados em apenas um autor, um livro, um local. E, assim, estimulando procedimentos para evidenciar as redes de relações existentes em qualquer que seja o domínio do humano do qual se trate em História da Educação. No domínio dos estudos de intelectuais, o conceito de "sociabilidades" tem força significativa para evitar a apologia de uma figura específica ou de uma obra específica, apartados de seu contexto efetivo de produção.

"Conceitos, construções e discursos". Para as pesquisas que perpassam o tema *intelectuais* poderíamos pensar, a partir desses pontos, nas "lutas" de representações para enfatizar a dimensão conflituosa das construções discursivas produzidas por cada um deles. Com a ênfase nas lutas, podemos afastar o uso do conceito de "representação" num sentido heurístico fraco, num sentido de constatação, de construção de curiosidades históricas, em vez de problematizações originais e inusitadas que impactem nosso presente.

Portanto, podemos evitar a mera descrição de fontes; a sensação de estar erigindo uma memória, em vez de problematizar historicamente o passado; os enfoques de um personagem, por exemplo, sem relacioná-lo com nenhum outro de seu contexto; ou os diálogos extemporâneos entre ideias e teorias de autores separados uns dos outros por dois ou três séculos. Queremos, enfim, evitar abordagens que escapam à proposição feita na primeira metade do século XX por Febvre e Bloch, da exigência primeira e fundamental de uma "história-problema". Retirar a primazia da função do memorialista, entendido aqui como aquele que tem a ilusão de guardar ou resgatar "a" história, escrevendo-a diretamente a partir das fontes sem se aperceber que essas fontes também não são garantia de certeza alguma.

Esse trabalho não terá sido em vão e esperamos dele uma contribuição para o estabelecimento coletivo de alternativas para a melhoria constante da produção de nosso campo.

Assim se quer!

Referências

ABREU, Raquel de. Os Pedrinhos de Monteiro Lobato e Lourenço Filho: a criança e o Brasil em projetos de modernidade para a nação. In: GIL, N.; ZICA, M. C.; FARIA FILHO, L. M. (Org.). *Moderno, Modernidade e Modernização*: a educação nos projetos de Brasil – séculos XIX e XX. Belo Horizonte: Mazza Edições, 2012. v. 1. p. 115-132.

AGULHON, Maurice. *Pénitents et Franc-Maçons de l'acienne Provence*: essai sur la sociabilité méridionale. Paris: Fayard, 1984.

AGULHON, Maurice. La sociabilidad como categoria histórica. In: FUNDACIÓN Mario Góngora. *Formas de sociabilidad en Chile 1840-1940*. Santiago: Editorial Vivaria, 1992. p. 1-10.

ALONSO, Ângela. *Ideias em movimento*: a geração de 1870 na crise do Brasil Império. São Paulo: Paz e Terra, 2002.

ALVES, Bruno Geraldo; BERGAMASCHI, Ana Carolina de Almeida. Constituição do aprendizado agrícola de Barbacena (1910-1933): projeto de modernização do rural. In: CARVALHO, M. V. C.; LAGES, R. C. L.; SILVA, V. L. G. (Org.) *Moderno, Modernidade e Modernização*: a educação nos projetos de Brasil – séculos XIX e XX. Belo Horizonte: Mazza Edições, 2016. v. 4. p. 173-190.

ALVES, Bruno Geraldo; FONSECA, Henrique de Oliveira. Ideários de modernização e suas confluências: concepções de educação rural em Minas Gerais e São Paulo (1930-1940). In: MESQUITA, I. M.; BARRETO, R. A. D. N.; NOGUEIRA, V. L (Org.). *Moderno, Modernidade e Modernização*: a educação nos projetos de Brasil – séculos XIX e XX. Belo Horizonte: Mazza Edições, 2015. v. 3, p. 171-189.

ALVEZ-MAZZOTTI, Alda Judith. Relevância e aplicabilidade da pesquisa em Educação. *Cadernos de pesquisa*, n. 113, jul. 2001.

ARIÈS, P. *História social da infância e da família*. Rio de Janeiro: LCT, 1978.

ÁVILA, Virgínia Pereira da Silva de. *História do ensino primário rural em São Paulo e Santa Catarina (1921-1952)*: uma abordagem comparada. Tese (doutorado em Educação Escolar). Faculdade de Ciências e Letras, Universidade Estadual Paulista. Unesp, Araquarara, 2013.

AZEVEDO, Francisco Ferreira dos Santos. *Dicionário analógico da língua portuguesa*: ideias afins/thesaurus. 2 ed. atu. e rev. Rio de Janeiro: Lexicon, 2010.

BAHAMONDE, José Diaz G. Formas de sociabilidad en Chile 1840-1940 (resenha). *Historia*, Santiago, n. 27, p. 704-707, 1993.

BARRETO, Raylane Andreza Dias Navarro. O moderno Tobias Barreto de Menezes no Brasil Império. In: MESQUITA, I. M.; BARRETO, R. A. D. N.; NOGUEIRA, V. L. (Org.). *Moderno, Modernidade e Modernização*: a educação nos projetos de Brasil – séculos XIX e XX. Belo Horizonte: Mazza Edições, 2015. v. 3. p. 23-44.

BARRETO, Raylane Andreza Dias Navarro. Tobias Barreto e a educação: ideias de um moderno no império brasileiro. In: CARVALHO, M. V. C.; LAGES, R. C. L.; SILVA, V. L. G. (Org.). *Moderno, Modernidade e Modernização*: a educação nos projetos de Brasil – séculos XIX e XX. Belo Horizonte: Mazza Edições, 2016. v. 4. p. 95-114.

BARROS, José D'Assunção História Política, Discurso e Imaginário: aspectos de uma Interface. *Sæculum* - Revista de História [12]; João Pessoa, jan./ jun. 2005, p. 128-141.

BAUDRILLARD, Jean. Modernité. In: *Enciclopédia Universalis*, 1977. v. 11, p. 139-141.

BEZERRA NETO, Luiz. Educação do campo ou educação no campo? *Revista HISTEDBR On-line*, Campinas, v. 10, n. 38, p. 150-168, ago. 2012. Disponível em: <https://periodicos.sbu.unicamp.br/ojs/index.php/histedbr/article/view/8639696/7263>. Acesso em: 6 fev. 2017.

BOBBIO, Norberto. *Autobiografia*. Roma: Editori Laterza, 1997.

BOBBIO, Norberto. *Os intelectuais e o poder*: dúvidas e opções dos homens de cultura na sociedade contemporânea. São Paulo: Editora Unesp, 1997.

BOBBIO, Norberto. Política. In: BOBBIO, Norberto; MATTEUCI, Nicola; PASQUINO, Gianfranco. *Dicionário de Política*. 5. ed. Brasília: Editora Universidade de Brasília; São Paulo: Imprensa Oficial do Estado do São Paulo, 2000.

BOMENY, Helena. *Constelação Capanema*: intelectuais e políticas. Rio de Janeiro: Univ. São Francisco: Ed. FGV, 2001.

BONTEMPI Jr., Bruno; VIEIRA, Carlos E.; SIMÕES, Regina Helena. Apresentação. In: VALLE, I.; HAMDAN, J. C.; DAROS, M. D. (Org.). *Moderno, Modernidade e Modernização*: a educação nos projetos de Brasil – séculos XIX e XX. Belo Horizonte: Mazza Edições, 2014. v. 2. p. 7-9.

BOSCHI, Caio C. Espaços de sociabilidade na América Portuguesa e historiografia brasileira contemporânea. *Varia Historia*, Belo Horizonte, v. 22, n. 36, p. 291-313, jul.-dez. 2006.

BOTELHO, André. Passado e futuro das interpretações do país. *Tempo Social – Rev. Sociol.*, São Paulo, v. 22, n. 1, p. 47-66, jun. 2010.

BOTO, C. *A escola do homem novo*: entre o iluminismo e a Revolução Francesa. São Paulo: Editora da Universidade Estadual Paulista, 1996.

BOTO, C. A Racionalidade Escolar como Processo Civilizador: Moral que Captura Almas. In: CARVALHO, Marta Maria Chagas de; PINTASSILGO, Joaquim (Org.). *Modelos culturais, saberes pedagógicos, instituições educacionais*. São Paulo: Edusp, 2011.

BOURDIEU, P. Algumas propriedades dos campos. In: BOURDIEU, P. *Questões de sociologia*. Rio de Janeiro: Marco Zero, 1983. p. 89-94.

BOURDIEU, P. O campo intelectual: um mundo à parte. In: BOURDIEU, P. *Coisas Ditas*. São Paulo: Brasiliense, 1990. p.169-180.

BOURDIEU, Pierre. La démission de l'État. In: BOURDIEU, Pierre (Org.). *La misère du monde*. Paris: Éditions du Seuil, 1993. p. 337-35.

BRASIL JUNIOR, Antônio. A reinvenção da sociologia da modernização: Luiz Costa Pinto e Florestan Fernandes (1950-1970). *Trabalho, Educação e Saúde*, Rio de Janeiro, v. 11, n. 1, p. 229-249, jan.-abr. 2013.

BRASIL JUNIOR, Antônio. Linhas Retas ou Labirintos? A tradução da sociologia da modernização nos textos de Florestan Fernandes e Gino Germani (1960-1970). *Revista Brasileira de Ciências Sociais*, São Paulo, v. 28, n. 2, p. 141-163, jun. 2013.

BRASIL. Ministério do Império. Ministro João Alfredo Corrêa de Oliveira. Relatório do anno de 1870 apresentado à Assemblea Geral na 3ª sessão da 14ª legislatura. Publicado em 1871. Disponível em: <http://brazil.crl.edu>.

BUENO, Francisco da Silveira. *Grande dicionário etimológico-prosódico da Língua Portuguesa*: vocábulos, expressões da língua geral e científica, sinônimos, contribuições do tupi-guarani. São Paulo: Saraiva, 1968. v. 7.

CANAL, Jordi. Maurice Agulhon: historia y compromiso republicano. *Historia Social*, n. 29, p. 47-72, 1997. [Dossier: Sociabilidad en torno a M. Agulhon].

CARVALHO, José Murilo de. *A construção da ordem*: a elite política imperial. Brasília: Editora UnB, 1981.

CARVALHO, José Murilo de. *A formação das almas*: o imaginário da república no Brasil. São Paulo: Cia das Letras, 1990.

CARVALHO, José Murilo de. *Pontos e bordados*: escritos de história e política. Belo Horizonte: Editora UFMG, 1998.

CARVALHO, Marcus Vinicius Corrêa. Moderno, modernidade e modernização: polissemias e pregnâncias. In: GIL, N.; ZICA, M. C.; FARIA FILHO, L. M. (Org.). *Moderno, Modernidade e Modernização*: a educação nos projetos de Brasil – séculos XIX e XX. Belo Horizonte: Mazza Edições, 2012. v. 1. p. 13-34.

CARVALHO, Marcus Vinicius Corrêa. A poesia do corpo: civilidade, estética e educação moderna na concepção de ginástica escolar de Fernando de Azevedo. In: MESQUITA, I. M.; BARRETO, R. A. D. N.; NOGUEIRA, V. L (Org.). *Moderno, Modernidade e Modernização*: a educação nos projetos de Brasil – séculos XIX e XX. Belo Horizonte: Mazza Edições, 2015. v. 3. p. 247-269.

CARVALHO, Marcus Vinícius Correa de. Tradição, modernidade e interesse público nos primeiros escritos de Sérgio Buarque de Holanda. In: CARVALHO, M. V. C.; LAGES, R. C. L.; SILVA, V. L. G. (Org.). *Moderno, Modernidade e Modernização*: a educação nos projetos de Brasil – séculos XIX e XX. Belo Horizonte: Mazza Edições, 2016. v. 3. p. 77-94.

CARVALHO, Marcus Vinicius Corrêa; LAGES, Rita Cristina Lima; GASPAR, Vera (Org.). *Moderno, Modernidade e Modernização*: a educação nos projetos de Brasil – séculos XIX e XX. Belo Horizonte: Mazza Edições, 2016. v. 4. 276 p.

CARVALHO, Marta Maria Chagas de. *A escola e a república e outros ensaios*. Bragança Paulista, SP: EDUSF, 2003.

CARVALHO, Rosana Areal de. Primitivo Moacyr e as ações parlamentares em prol da educação brasileira. In: VALLE, I.; HAMDAN, J. C.; DAROS, M. D. (Org.). *Moderno, Modernidade e Modernização*: a educação nos projetos de Brasil – séculos XIX e XX. Belo Horizonte: Mazza Edições, 2014. v. 2. p. 185-200.

CARVALHO, Rosana Areal de; MACHADO, Raphael Ribeiro. Os subsídios de Primitivo Moacyr para a modernização da educação brasileira. In: CARVALHO, M. V. C.; LAGES, R. C. L.; SILVA, V. L. G. (Org.) *Moderno, Modernidade e Modernização*: a educação nos projetos de Brasil – séculos XIX e XX. Belo Horizonte: Mazza Edições, 2016. v. 4. p. 115-132.

CATANI, D. B.; BASTOS M. H. C. *Educação em Revista*: a imprensa periódica e a história da educação. São Paulo: Escrituras, 1997.

CERTEAU, M de. *A invenção do Cotidiano*. Petrópolis: Vozes, 1994.

CERTEAU, M de. *A escrita da história*. 2. ed. Rio de Janeiro: Forense Universitária, 2008.

CHARTIER, Roger. O mundo como representação. *Estudos Avançados*, v. 11, n. 5, São Paulo. 1991, p. 173-191.

CORRÊA, Flávia Obino (Org.). *Educação rural em perspectiva internacional*: instituições, práticas e formação do professor. Ijuí: Unijuí, 2007.

CORTESÃO, L.; STOER, S. R. Cartografando a transnacionalização do campo educativo: o caso português. In: Santos, B. S. (Org.). *Globalização. Fatalidade ou Utopia*. Porto: Afrontamento, 2001. p. 369-408.

COSTA PINTO, L. A. *Desenvolvimento econômico e transição social.* 2 ed. Rio de Janeiro: Civilização Brasileira, 1970.

COSTA. Sergio Roberto. *Dicionário de gêneros textuais.* Belo Horizonte: Autêntica, 2014.

DANIEL, Leziany Silveira. Educação e Ciências Sociais: discussões do intelectual brasileiro João Roberto Moreira (1912-1967). In: MESQUITA, I. M.; BARRETO, R. A. D. N.; NOGUEIRA, V. L. (Org.). *Moderno, Modernidade e Modernização*: a educação nos projetos de Brasil – séculos XIX e XX. Belo Horizonte: Mazza Edições, 2015. v. 3. p. 117-134.

DAROS, Maria das Dores. Desenvolvimentismo e políticas educativas no Brasil dos anos de 1950-1960: transnacionalização e modernização. In: GIL, N.; ZICA, M. C.; FARIA FILHO, L. M. (Org.). *Moderno, Modernidade e Modernização*: a educação nos projetos de Brasil – séculos XIX e XX. Belo Horizonte: Mazza Edições, 2012. v. 1. p. 185-204.

DAROS, Maria das Dores. Desenvolvimentismo e transnacionalização na discussão educacional no Brasil dos anos 1950 e 1960. In: CARVALHO, M. V. C.; LAGES, R. C. L.; SILVA, V. L. G. (Org.) *Moderno, Modernidade e Modernização*: a educação nos projetos de Brasil – séculos XIX e XX. Belo Horizonte: Mazza Edições, 2016. v. 4. p. 209-227.

DESROSIÈRES, Alain. Entre a ciência universal e as tradições nacionais. In: BESSON, Jean Louis. *A ilusão das estatísticas.* São Paulo: UNESP, 1995. p.167-183.

DRUMMOND, Caroline M. F.; TABORDA DE OLIVEIRA, Marcus A. A formação do trabalhador no jornal *O Operário*, de Montes Claros (1932-1945): a produção de novas sensibilidades "sem classes". In: MESQUITA, I. M.; BARRETO, R. A. D. N.; NOGUEIRA, V. L. (Org.). *Moderno, Modernidade e Modernização*: a educação nos projetos de Brasil – séculos XIX e XX. Belo Horizonte: Mazza Edições, 2015. v. 3. p. 201-225.

DYE, Thomas D. *Understanding Public Policy.* Englewood Cliffs, N.J.: PrenticeHall. 1984.

ELIAS, Norbert. *O processo civilizador*: formação do Estado e Civilização. v. 2, Rio de Janeiro: Jorge Zahar editor, 1990.

FARIA FILHO, L. M. de. *República, Trabalho e educação*: a experiência do Instituto João Pinheiro 1909-1934. Dissertação (Mestrado em Educação) – Faculdade de Educação da Universidade Federal de Minas Gerais, Belo Horizonte, 1991.

FARIA FILHO, L. M. de. *Dos pardieiros aos palácios*: cultura escolar e urbana em Belo Horizonte na Primeira República. Passo Fundo: UPF, 2000.

FARIA FILHO, Luciano Mendes de. Instrução elementar no século XIX. In: LOPES, E. M. T.; FARIA FILHO, L. M.; VEIGA, C. G. (Org.). *500 anos de educação no Brasil*. 2. ed. Belo Horizonte: Autêntica, 2010. p. 135-150.

FARIA FILHO, Luciano Mendes de. *A publicação das obras completas de Rui Barbosa*: edição e sociabilidades intelectuais - 1930-1949. 2012. Tese (Concurso para Professor Titular) – Faculdade de Educação, Universidade Federal de Minas Gerais, Belo Horizonte, 2012.

FARIA FILHO, Luciano Mendes. *Edição e sociabilidades intelectuais*. Belo Horizonte: Ed. UFMG; Autêntica, 2016.

FARIA FILHO, Luciano M; GONÇALVES, Irlen; VIDAL, Diana G; PAULILO, André L. A cultura escolar como categoria de análise e como campo de investigação na história da educação brasileira. *Educação e Pesquisa*, São Paulo, v. 30, n. 1, p. 139-159, 2004.

FARIA FILHO, Luciano Mendes de; INÁCIO, Marcilaine Soares. Culture the people, build the nation: scientific and literary association and education in Minas Gerais (Brazil) at the beginning of the Brazilian empire. *Paedagogica Historica* (Imprimé), v. 49, p. 82-89, 2013.

FARIA FILHO, Luciano Mendes de; RORIZ, Bruna Marinho Valle. O Brasil para argentino ler: aproximações do livro *El Brasil intelectual: impressiones y notas literárias*, de Garcia Mérou. In: MESQUITA, I. M.; BARRETO, R. A. D. N.; NOGUEIRA, V. L. (Org.). *Moderno, Modernidade e Modernização*: a educação nos projetos de Brasil – séculos XIX e XX. Belo Horizonte: Mazza Edições, 2015. v. 3. p. 81-96.

FERNANDES, Florestan. A ciência aplicada e a educação como fatores de mudança social provocada. *Revista Brasileira de Estudos Pedagógicos*, Brasília, v. 32, n. 75, p. 28-78, jul.-set. 1959.

FERNANDES, Florestan. *Educação e sociedade no Brasil*. São Paulo: Dominus Editora; Editora da Universidade de São Paulo, 1966.

FERNANDES, Florestan. *A revolução burguesa no Brasil*: ensaio de interpretação sociológica. Rio de Janeiro: Zahar, 1975.

FERNANDES, Florestan. *A sociologia numa era de revolução social*. Rio de Janeiro: Zahar, 1976.

FERNANDES, Florestan. Atitudes e motivações desfavoráveis ao Desenvolvimento. In: *Mudanças Sociais no Brasil*. 1. ed. Digital. São Paulo: Global, 2013. p. 363-413.

FONSECA, Henrique de Oliveira. Sociedade dos Amigos de Alberto Torres e a educação rural (1930-1940). In: CARVALHO, M. V. C.; LAGES, R. C. L.; SILVA, V. L. G. (Org.) *Moderno, Modernidade e Modernização*: a educação nos projetos de Brasil – séculos XIX e XX. Belo Horizonte: Mazza Edições, 2016. v. 4. p. 153-171.

FONSECA, Henrique de Oliveira; ALVES, Bruno Geraldo. Ideários de modernização e suas confluências: concepção de educação rural em Minas Gerais e São Paulo (1930-1940). In: MESQUITA, I. M.; BARRETO, R. A. D. N.; NOGUEIRA, V. L. (Org.) *Moderno, Modernidade e Modernização*: a educação nos projetos de Brasil – séculos XIX e XX. Belo Horizonte: Mazza Edições, 2015. v. 3. p. 181-199.

FONSECA, Nelma Marçal Lacerda. Modernidade pedagógica e formação docente na história da educação de Minas Gerais: registros materiais do movimento pela Escola Nova preservados no Museu da Escola "Professora Ana Maria Casassanta Peixoto". In: VALLE, I.; HAMDAN, J. C.; DAROS, M. D. (Org.). *Moderno, Modernidade e Modernização*: a educação nos projetos de Brasil – séculos XIX e XX. Belo Horizonte: Mazza Edições, 2014. v. 2. p. 97-110.

FONSECA, Thais Nívia de Lima e. Mestiçagem e mediadores culturais e história da educação: contribuições da obra de Serge Gruzinski. In: FARIA FILHO, L. M. de; LOPES, E. M. T. (Org.). *Pensadores sociais e história da educação*. Belo Horizonte: Autêntica, 2012. v. 2. p. 297-313.

FOUCAULT, Michel. Sécurité, territoire, population. *Dits et écrits (1976-1979)*. Paris: Gallimard, 1978. v.III, p.719-723

FOUCAULT, Michel. "Omnes et singulatim": vers une critique de la raison politique. *Dits et écrits (1980-1988)*. Paris: Gallimard, 1981. v.IV, p.134-161.

FOUCAULT, Michel. *Sécurité, territoire, population* – cours au Collège de France (1977-1978). Paris: Gallimard/Seuil, 2004a.

FOUCAULT, Michel. *Vigiar e punir*. Petrópolis: Vozes, 2004b.

FREITAS, Marcos Cezar de. *Álvaro Vieira Pinto*: a personagem histórica e sua trama. São Paulo: Cortez: USF-IFAN, 1998.

FREITAS, Marcos Cezar de. *História, antropologia e pesquisa educacional*: itinerários intelectuais, São Paulo: Cortez, 2001.

FREITAS, Marcos Cezar de. Economia e educação: a contribuição de Álvaro Vieira Pinto para o estudo histórico da tecnologia. *Revista Brasileira de Educação*, v. 11, n. 31, p. 80-95, jan./abr. 2007.

FREY, K. Políticas públicas: um debate conceitual e reflexões referentes à prática da análise de políticas públicas. *Revista Planejamento e Políticas Públicas*, Brasília, n.21, p. 212-279, jun. 2000. Disponível em:http://desafios2.ipea.gov.br/ppp/index.php/PPP/article/viewFile/89/158. Acesso em: 04 dez. 2017

FUNDACION Mario Góngora. *Formas de sociabilidad en Chile (1840-1940)*. Santiago de Chile: Editorial Vivaria, 1992.

FURTADO, Celso. Entrevistado por Aspásia Camargo e Maria Andréa Loyola. Rio de Janeiro: Ed. UFRJ, 2002, 52 p. (Série Pensamento Contemporâneo).

GATTI JUNIOR, Décio. Percurso histórico e desafios da disciplina História da Educação no Brasil. In: JUNIOR GATTI, D.; PINTASSILGO, J. (Org.). *Percursos e desafios da pesquisa e do ensino de História da Educação*. Uberlândia: EDUFU, 2007.

GERMANI, Gino. As etapas da modernização na América Latina. In: GERMANI, G. *Sociologia da modernização*. São Paulo: Mestre Jou, 1974. p. 15-53.

GIDDENS, A. *As consequências da modernidade*. São Paulo: Ed. UNESP, 1991.

GIL, Natália. Excelência escolar, decisões políticas e as estatísticas de educação. In: GIL, N.; ZICA, M. C.; FARIA FILHO, L. M. (Org.). *Moderno, Modernidade e Modernização*: a educação nos projetos de Brasil – séculos XIX e XX. Belo Horizonte: Mazza Edições, 2012. v. 1. p. 35-52.

GIL, Natália; ZICA, Matheus da Cruz e; FARIA FILHO, Luciano Mendes de (Org.). *Moderno, Modernidade e Modernização*: a educação nos projetos de Brasil – séculos XIX e XX. Belo Horizonte: Mazza Edições, 2012. v. 1. 240 p.

GOMES, Ângela de Castro. *Essa gente do Rio...*: modernismo e nacionalismo. Rio de Janeiro: Editora FGV, 1999.

GOMES, Ângela de Castro (Org.). *Escrita de si, escrita da História*. Rio de Janeiro: Editora FGV, 2004.

GOMES, Ângela de Castro. *Intelectuais mediadores*: práticas culturais e ação política. São Paulo: Civilização Brasileira, 2016.

GOMES, Leonardo Ribeiro. O jovem dos Clubes 4-S como elemento difusor da modernização das práticas agrícolas em Minas Gerais nas décadas de 1950 e 1960. In: VALLE, I.; HAMDAN, J. C.; DAROS, M. D. (Org.). *Moderno, Modernidade e Modernização*: a educação nos projetos de Brasil – séculos XIX e XX. Belo Horizonte: Mazza Edições, 2014. v. 2. p. 231-246.

GONÇALVES, Irlen A. *Cultura escolar*: práticas e produção dos grupos escolares em Minas Gerais (1891-1918). Belo Horizonte: Autêntica, 2006.

GONÇALVES, Irlen A. O conceito de trabalho nas mensagens dos presidentes do estado de Minas Gerais (BRASIL) 1891-1930. In: CONGRESO IBEROAMERICANO DE HISTORIA DE LA EDUCACIÓN LATINOAMERICANA, 11., 2014, Toluca - México. CINVESTAV, 2014. v. único, p. 655-664.

GONÇALVES, Irlen A.; CHAMON, Carla. As políticas públicas para a educação profssional em Minas Gerais: o ensino técnico primário na virada do século XIX para o século XX. In: CONGRESSO IBEROAMERICANO DE HISTÓRIA DE LA EDUCACIÓN LATINOAMERICANA, 8., 2007, Buenos Aires: SAHE, 2007. p. 25-47.

GONDRA, José Gonçalves; SCHNEIDER, Omar. *Educação e instrução nas províncias e na Corte Imperial* (Brasil, 1822-1889). Vitória: EdUFES, 2011. 486p. (Coleção Horizontes da Pesquisa em História da Educação no Brasil).

GONDRA, José Gonçalves; SCHUELER, Alessandra. *Educação, poder e sociedade no Império brasileiro*. São Paulo: Cortez, 2008.

GORELIK, Adrián. O moderno em debate: cidade, modernidade, modernização. In: MIRANDA, Wander Melo (Org.). *Narrativas da Modernidade*. Belo Horizonte: Autêntica, 1999. p. 55-80.

GRUZINSKI, Serge. *La colonización de lo imaginario:* sociedades indígenas y occidentalización en el México español – siglos XVI-XVIII. Mexico, DF: Fondo de Cultura Económica, 1991.

GRUZINSKI, Serge. *O pensamento mestiço*. São Paulo: Companhia das Letras, 2001.

GRUZINSKI, Serge. Passeurs y elites "católicas" en las Cuatro Partes del Mundo. Los inicios ibéricos de la mundialización (1580-1640). In: *Passeurs, mediadores culturales y agentes de la primera globalización en el Mundo Ibérico*, siglos XVI - XIX. Ed. Scarlett O'Phelan & Carmen Salazar-Soler. Lima: IFEA, 2005.

HAMDAN, Juliana C. Tavares Bastos e a educação no Império: as palavras e os conceitos. In: VALLE, I.; HAMDAN, J. C.; DAROS, M. D. (Org.). *Moderno, Modernidade e Modernização*: a educação nos projetos de Brasil – séculos XIX e XX. Belo Horizonte: Mazza Edições, 2014. v. 2. p. 141-154.

HOELLER, Solange Aparecida de Oliveira. Ideário pedagógico moderno nos discursos dos intelectuais Henrique Fontes e Oswaldo Cabral: escola primária catarinense (1920-1930). In: GIL, N.; ZICA, M. C.; FARIA FILHO, L. M. (Org.). *Moderno, Modernidade e Modernização*: a educação nos projetos de Brasil – séculos XIX e XX. Belo Horizonte: Mazza Edições, 2012. v. 1. p. 133-150.

HOELLER, Solange Aparecida; SILVA, Carolina Ribeiro Cardoso da; SILVA, Vera Lucia Gaspar. "A hora atual do mundo": Carneiro Leão, Orestes Guimarães e a modernidade educacional no Brasil dos anos de 1920. In: MESQUITA, I. M.; BARRETO, R. A. D. N.; NOGUEIRA, V. L. (Org.). *Moderno, Modernidade e Modernização*: a educação nos projetos de Brasil – séculos XIX e XX. Belo Horizonte: Mazza Edições, 2015. v. 3. p. 63-80.

HOUAISS, Antonio; VILLAR, Mauro de Salles. *Dicionário Houaiss da Língua Portuguesa*. 2 reimp. Rio de Janeiro: Objetiva, 2007.

IANNI, Octávio. *Estado e Planejamento Econômico no Brasil* (1930-1970). Coleção Retratos do Brasil. Rio de Janeiro: Civilização Brasileira, 1979. [vol. 83].

KOSELLECK, Reinhart. *Futuro Passado*. Contribuição à semântica dos tempos históricos. Rio de Janeiro: Contraponto; Ed. PUC-Rio, 2006.

KOWARICK, Lúcio. *Capitalismo e marginalidade na América Latina*. Rio de Janeiro: Paz e Terra, 1977.

LAFER, Celso. *JK e o programa de metas (1956-61)*: processo de planejamento e sistema político no Brasil. Tradução de Maria Victória Benevides. Rio de Janeiro: Editora FGV, 2002.

LAGES, Rita Cristina Lima. *As vitrines da civilização*: referências estrangeiras na instrução pública em Minas Gerais no século XIX. 2013. Tese (Doutorado em Educação) – Faculdade de Educação, Universidade Federal de Minas Gerais, Belo Horizonte, 2013.

LAGES, Rita Cristina Lima. Sobre educação moderna no século XIX: Minas Gerais/ Brasil. In: VALLE, I.; HAMDAN, J. C.; DAROS, M. D. (Org.). *Moderno, Modernidade e Modernização*: a educação nos projetos de Brasil – séculos XIX e XX. Belo Horizonte: Mazza Edições, 2014. v. 2. p. 65-79.

LAGES, Rita Cristina Lima. O outro como modelo, exemplo ou lição: nações estrangeiras e a instrução pública em Minas Gerais no século XIX. In: MESQUITA, I. M.; BARRETO, R. A. D. N.; NOGUEIRA, V. L. (Org.) *Moderno, Modernidade e Modernização*: a educação nos projetos de Brasil – séculos XIX e XX. Belo Horizonte: Mazza Edições, 2015. v. 3. p. 133-150.

LAGES, Rita Cristina Lima. A marcha da civilização: civilidade e modernidade nos discursos sobre instrução pública em Minas Gerais no século XIX. In: CARVALHO, M. V. C.; LAGES, R. C. L.; SILVA, V. L. G. (Org.). *Moderno, Modernidade e Modernização*: a educação nos projetos de Brasil – séculos XIX e XX. Belo Horizonte: Mazza Edições, 2016. v. 4. p. 15-32.

LAVILLE, Christian. Um diálogo entre o objeto e o método: reflexões acerca da metodologia de pesquisa. *Linhas Críticas*, Brasília, v. 5, n. 9, p. 119-128, jul.-dez. 1999.

LE GOFF, Jacques. *História e memória*. Campinas: Editora da Unicamp, 1990.

LE GOFF, Jacques. *Antigo/Moderno*. In: ENCICLOPÉDIA EINAUDI. Lisboa: IN-CM, 1997. v. 1 - Memória-História. p. 370-392.

LE GOFF, Jacques. *Enciclopédia*: memória-história. Porto: Imprensa Nacional – Casa da Moeda, 1997.

LEFEBVRE, Henri. *Introdução à modernidade*. Rio de Janeiro: Paz e Terra, 1969.

LEITE FILHO, Aristeo.; SANTOS, Pablo. S. Machado. Bispo.; GOUVEIA, Fernando. Quando os documentos falam... ouve-se até o silencio: entre relatórios, decretos e manuscritos, a gestão de Anísio Teixeira no Inep/CBPE (1952-1963). In: MENDONZA, A. W.; XAVIER, L. N. (Org.). *Por uma política de formação do magistério nacional*: o Inep/MEC dos anos de 1950/1960. Brasília: Inep, 2008. p. 39-59.

LEON, Adriana Duarte. Impressos católicos e o debate educacional: conexões com a modernidade na década de 1930. In: VALLE, I.; HAMDAN, J. C.; DAROS, M. D. (Org.). *Moderno, Modernidade e Modernização*: a educação nos projetos de Brasil – séculos XIX e XX. Belo Horizonte: Mazza Edições, 2014. v. 2. p. 123-139.

LOPES, Eliane Marta Teixeira. *Origens da educação pública*. A instrução na Revolução Burguesa do século XVIII. São Paulo: Loyola, 1981.

LOPEZ, Matias; ARAÚJO, Mateus Donato Amorim de. Desenvolvimento e narrativas de modernidade: Costa Pinto e a construção de uma sociologia transnacional para o terceiro mundo. *Aurora*, Marília, ano V, n. 8, p. 213-12, ago. 2011.

MACEDO, Vanessa Costa de; FARIA FILHO, Luciano Mendes de. Mediação e sociabilidades intelectuais: uma análise da constituição e da atuação do Instituto de Estudos Brasileiros (1937-1944). In: CARVALHO, M. V. C.; LAGES, R. C. L.; SILVA, V. L. G. (Org.) *Moderno, Modernidade e Modernização*: a educação nos projetos de Brasil – séculos XIX e XX. Belo Horizonte: Mazza Edições, 2016. v. 4. p. 245-266.

MAGALHÃES, Justino Pereira de; BARRETO, Raylane Andreza Dias Navarro. Os intelectuais e a educação – abordagem histórica e biográfica. *Revista Educação em Questão* [online], v. 54, n. 41, p. 61-85, maio-ago. 2016. Disponível em: <https://periodicos.ufrn.br/educacaoemquestao/article/view/10158>. Acesso em: 14 fev. 2017.

MAINARDES, Jefferson. Análise das Políticas Educacionais: breves considerações teórico-metodológicas. *Contrapontos*, Itajaí, v. 9, n. 1, p. 4-16, jan.-abr. 2009.

MAIO, Marcos Chor. Uma polêmica esquecida: Costa Pinto, Guerreiro Ramos e o tema das relações raciais. *Dados*, Rio de Janeiro, v. 40, n. 1, jan. 1997.

MAIO, Marcos Chor. O projeto UNESCO e a agenda das ciências sociais no Brasil dos anos 40 e 50. *Revista Brasileira de Ciências Sociais*, São Paulo, v. 14, n. 41, p. 141-158, out. 1999.

MARQUES, A. A.; *Aprendizado Agrícola Gustavo Dutra*: seu papel e importância no contexto agrícola de Mato Grosso. Dissertação (Mestrado). UFMT, 2005.

MARTINS, Ângela Maria. O campo das políticas públicas de educação: uma revisão da literatura. *Est. Aval. Educ.*, São Paulo, v. 24, n. 56, p. 276-299, set.-dez. 2013.

MAZZA, Débora. *A produção sociológica de Florestan Fernandes e a problemática educacional:* uma leitura *(1941 a 1964)*. 1997. Tese (Doutorado em Sociologia) – Instituto de Filosofia e Ciências Humanas, Universidade de Campinas, Campinas, 1997.

MELLO, Guiomar Namo de. Políticas públicas de educação. *Estudos Avançados*, São Paulo, v. 5, n. 13, p. 7-47, 1991.

MELLO, Maria T. C. de. A modernidade republicana. *Tempo* [on-line], v. 13, n. 26, p. 15-31, 2009.

MELO, Cleide Maria Maciel de. Lúcio José dos Santos e os primórdios da Universidade de Minas Gerais – 1927/1930. In: VALLE, I.; HAMDAN, J. C.; DAROS, M. D. (Org.). *Moderno, Modernidade e Modernização*: a educação nos projetos de Brasil – séculos XIX e XX. Belo Horizonte: Mazza Edições, 2014. v. 2. p. 155-167.

MELO, Marilândes Mól Ribeiro de. Educação e modernização no pensamento de Sílvio Coelho dos Santos em Santa Catarina na década de 1960. In: GIL, N.; ZICA, M. C.; FARIA FILHO, L. M. (Org.). *Moderno, Modernidade e Modernização*: a educação nos projetos de Brasil – séculos XIX e XX. Belo Horizonte: Mazza Edições, 2012. v. 1. p. 167-184.

MELO, Marilândes Mól Ribeiro de. Colóquios estaduais sobre a organização dos sistemas de educação (CEOSE): lócus para pensar a orientação do planejamento educacional no Brasil nas décadas de 1950/1960. In: CARVALHO, M. V. C.; LAGES, R. C. L.; SILVA, V. L. G. (Org.) *Moderno, Modernidade e Modernização*: a educação nos projetos de Brasil – séculos XIX e XX. Belo Horizonte: Mazza Edições, 2016. v. 4. p. 229-244.

MENDONÇA, Sônia Regina. *O ruralismo brasileiro*. São Paulo: HUCITEC, 1997.

MENDONÇA, Sônia Regina. Estado e ensino agrícola no Brasil: da dimensão escolar ao extensionismo – assistencialismo (1930-1950). In: CONGRESSO LATINO-AMERICANO DE SOCIOLOGIA RURAL, 7, Quito, Equador, 2006.

MENDONÇA, Sônia Regina. *Estado e Educação rural no Brasil:* alguns escritos. Niterói: Vício de Leitura/Faperj, 2007.

MENESES, Daniel Luiz Santos; SANTOS, Gustavo dos; MESQUITA, Ilka Miglio de. Repertório de cultura jurídica da Academia de Direito de São Paulo no século XIX: moderno e modernidade. In: MESQUITA, I. M.; BARRETO, R. A. D. N.; NOGUEIRA, V. L. (Org.). *Moderno, Modernidade e Modernização*: a educação nos projetos de Brasil – séculos XIX e XX. Belo Horizonte: Mazza Edições, 2015. v. 3. p. 227-246.

MESQUITA, Ilka Miglio de. Doutor em Ciências Sociais e Jurídicas: traços da cultura jurídica nas teses/dissertações da Academia de Direito de São Paulo (1850-1889). In: VALLE, I.; HAMDAN, J. C.; DAROS, M. D. (Org.). *Moderno, Modernidade e Modernização*: a educação nos projetos de Brasil – séculos XIX e XX. Belo Horizonte: Mazza Edições, 2014. v. 2. p. 201-215.

MESQUITA, Ilka Miglio de; MENESES, Daniel Luiz Santos; SANTOS, Gustavo dos. Espaço de experiência e horizonte de expectativa em "Cultura Jurídica no Brasil (1822-1922)" de Plínio Barreto. In: CARVALHO, M. V. C.; LAGES, R. C. L.; SILVA, V. L. G. (Org.) *Moderno, Modernidade e Modernização*: a educação nos projetos de Brasil - séculos XIX e XX. Belo Horizonte: Mazza Edições, 2016. v. 4. p. 133-151.

MESQUITA, Ilka Miglio; BARRETO, Raylane Andreza Dias Navarro; NOGUEIRA, Vera Lúcia (Org.). *Moderno, Modernidade e Modernização*: a educação nos projetos de Brasil - séculos XIX e XX. Belo Horizonte: Mazza Edições, 2015. v. 3. 276 p.

MESQUITA, Ilka Miglio; BARRETO, Raylane Andreza Dias Navarro; NOGUEIRA, Vera Lúcia. (Org.). *Moderno, Modernidade e Modernização*: a educação nos projetos de Brasil - séculos XIX e XX. Belo Horizonte: Mazza Edições, 2015. v. 3.

MICELI, Sérgio. *Intelectuais e classe dirigente no Brasil (1920-1945)*. São Paulo: DIFEL, 1979.

MONIER, Anne. De la philanthropie en démocratie. *La Vie des idées*, 4 février 2013. ISSN:2105-3030. Disponível em: <http://www.laviedesidees.fr/De-la-philanthropie-en-democratie.html>.

MOREIRA, J. R. *A educação em Santa Catarina:* sinopse apreciativa sobre a administração, as origens e a difusão de um sistema estadual de educação. MEC/Inep/Cileme, 1954.

MOREIRA, J. R. O humanismo. *Revista Brasileira de Estudos Pedagógicos*, Rio de Janeiro, v. 14, n. 60, p. 45-103, out./dez. 1955.

MOREL, Marco. Sociabilidades entre luzes e sombras: apontamentos para o estudo histórico das maçonarias na primeira metade do século XIX. *Estudos Históricos*, Rio de Janeiro, n. 28, 2001, p. 1-20.

MOREL, Marco. *As transformações dos espaços públicos*. Imprensa, atores políticos e sociabilidades na cidade imperial (1820-1840). São Paulo: Hucitec, 2005.

NERY, M. A. A. M. Da escolha a aragem da terra: a gênese do ensino agrícola primário federal no Brasil (1910-1934). In: V CONGRESSO BRASILEIRO DE HISTÓRIA DA EDUCAÇÃO, 2008, São Cristóvão: Universidade Federal de Sergipe. Aracaju: Universidade Tiradentes, 2008. p.1-11.

NETO, Luiz Bezerra. *Avanços e retrocessos na educação rural no Brasil*. Tese - Faculdade de Educação, Universidade Estadual de Campinas, Campinas, 2003.

NOGUEIRA, Vera Lúcia. Instrução e educação do trabalhador no ideário educativo do Estado de Minas Gerais (1892-1920). In: MESQUITA, I. M.; BARRETO, R. A. D. N.; NOGUEIRA, V. L. (Org.). *Moderno, Modernidade e Modernização*: a educação nos projetos de Brasil – séculos XIX e XX. Belo Horizonte: Mazza Edições, 2015. v. 3. p. 151-180.

NOGUEIRA, Vera Lúcia. Civilização, modernidade e filantropia na educação de adultos no Império Brasileiro (1870-188). In: CARVALHO, M. V. C.; LAGES, R. C. L.; SILVA, V. L. G. (Org.) *Moderno, Modernidade e Modernização*: a educação nos projetos de Brasil – séculos XIX e XX. Belo Horizonte: Mazza Edições, 2016. v. 4. p. 33-53.

NORONHA, Olinda Maria. *História da Educação*: sobre a origem do pensamento utilitarista no ensino superior brasileiro. Campinas: Alínea, 1998.

O'DONNEL, G. Anotações para uma teoria do Estado. Campinas: Instituto de Geociências, 2002. Disponível em: <http://www.ige.unicamp.br/site/aulas/138/ANOTACOES_PARA_UMA_TEORIA_DO_ESTADO_ODONNELL.pdf >. Acesso em: 1 out. 2017.

OLIVEIRA, Dalila Andrade. OLIVEIRA, D.A. Política educacional. In: OLIVEIRA, D.A.; DUARTE, A.M.C.; VIEIRA, L.M.F. *DICIONÁRIO*: trabalho, profissão e condição docente. Belo Horizonte: UFMG/Faculdade de Educação, 2010. CDROM

PACHECO, Raquel. Imprensa e modernidade: algumas considerações em torno dos anúncios de jornal. In: GIL, N.; ZICA, M. C.; FARIA FILHO, L. M. (Org.). *Moderno, Modernidade e Modernização*: a educação nos projetos de Brasil – séculos XIX e XX. Belo Horizonte: Mazza Edições, 2012. v. 1. p. 101-113.

PAULA, Dalvit Greiner de; NOGUEIRA, Vera Lúcia. Escola pública e liberalismo no Brasil imperial: Construção do estado e abandono da nação. *History of Education Journal*, vol. 21, n. 53, p. 182-198, 2017.

PAULA, Luísa Marques de. "O presente de carregar o fardo cheio do passado": a trajetória de Aurélio Pires. In: VALLE, I.; HAMDAN, J. C.; DAROS, M. D. (Org.). *Moderno, Modernidade e Modernização*: a educação nos projetos de Brasil – séculos XIX e XX. Belo Horizonte: Mazza Edições, 2014. v. 2. p. 169-184.

PAULILO, André Luiz; ABDALA, Rachel Duarte. Fragmentos de uma história das políticas públicas de educação no Brasil. In: PIMENTA, C. A. M.; ALVES, C. P. (Org.). *Políticas públicas & desenvolvimento regional*. Campina Grande: EdUEPB, 2010. p. 125-136.

PEREIRA, Elaine Aparecida Teixeira. Modernizando "o arcaico": discursos sobre a formação de professores para o meio rural (anos 1950). In: VALLE, I.; HAMDAN, J. C.; DAROS, M. D. (Org.). *Moderno, Modernidade e Modernização*: a educação nos projetos de Brasil – séculos XIX e XX. Belo Horizonte: Mazza Edições, 2014. v. 2. p. 111-122.

PEREIRA, Elaine A. T. Modernização, educação e formação docente: discursos (e ações) acerca do rural em Santa Catarina nos anos 1940 e 1950. In: CARVALHO, M. V. C.; LAGES, R. C. L.; SILVA, V. L. G. (Org.) *Moderno, Modernidade e Modernização*: a educação nos projetos de Brasil – séculos XIX e XX. Belo Horizonte: Mazza Edições, 2016. v. 4. p. 193-210.

PERETZ, Pauline. Pratiques du don. La philanthropie em France et aux États-Unis: débat entre Anne Bory, Nicolas Guilhot, Sabine Rozier et Olivier Zunz. *La vie des idées*, 27, mars 2012, ISSN: 2105-30-30. Disponível em: <http://www.laviedesidees.fr/pratiquesdu-don.html>.

PERIOTTO, Marcília Rosa. A imprensa brasileira nos oitocentos e a história da educação: Hipólito da Costa e o Correio Braziliense. *Série-Estudos* - Periódico do Programa de Pós-Graduação em Educação da UCDB Campo Grande, MS, n. 36, p. 237-252, jul./dez. 2013.

PERIOTTO, Marcília Rosa. Projeto de Brasil na imprensa pernambucana: a proposta de Miguel do Sacramento Lopes Gama para a educação das mulheres no século XIX. In: MESQUITA, I. M.; BARRETO, R. A. D. N.; NOGUEIRA, V. L. (Org.). *Moderno, Modernidade e Modernização*: a educação nos projetos de Brasil – séculos XIX e XX. Belo Horizonte: Mazza Edições, 2015. v. 3. p. 45-62.

QUEIROZ, Maria Isaura Pereira de. *Desenvolvimento, no Brasil, das pesquisas empíricas de sociologia*: ontem e hoje. Revista Ciência e Cultura, v. 24, n. 6, p. 511-525, 1972.

QUIRÓS. Pilar González Bernaldo de. *Civilidad y Política en los orígenes de la Nación Argentina, 1829-1862*. Disponível em: <www.eeha.csic.es/Ftp/pilargon.doc>. Acesso em: 15 ago. 2014.

QUIVY, Raymond; CAMPENHOUDT, Luc Van. *Manual de investigação em Ciências Sociais*. 2 ed. Lisboa: Gradiva, 1998.

REVEL, Jacques Os usos da civilidade, In: CHARTIER, Roger (Org.). *História da vida privada*: da Renascença ao Século das Luzes. São Paulo: Companhia das Letras, 2009. v. 3. p. 169-210.

RIBEIRO, Cecília. Viana de Lima em missão da UNESCO no Brasil In: URBANA, V.5, n. 6, mar. 2013 - *Dossiê*: Urbanistas e Urbanismo – CIEC/UNICAMP.

SANTOS, B. de S. Os processos de globalização. In: Santos, Boaventura de S. (Org.) *Globalização. Fatalidade ou Utopia*. Porto: Afrontamento, 2001.

SANTOS, Marileide Lopes dos. Instrução Pública em Sabará/MG nos Oitocentos. In: VALLE, I.; HAMDAN, J. C.; DAROS, M. D. (Org.). *Moderno, Modernidade e Modernização*: a educação nos projetos de Brasil – séculos XIX e XX. Belo Horizonte: Mazza Edições, 2014. v. 2. p. 81-96.

SANTOS, Sílvio Coelho dos. *Educação e Desenvolvimento em Santa Catarina*. Florianópolis-SC. Editora da UFSC, 1968.

SANTOS, Taciana Brasil dos. As famílias na escolarização batista em Minas Gerais, década de 1920. In: VALLE, I.; HAMDAN, J. C.; DAROS, M. D. (Org.). *Moderno, Modernidade e Modernização*: a educação nos projetos de Brasil – séculos XIX e XX. Belo Horizonte: Mazza Edições, 2014. v. 2. p. 263-278.

SCHMIEGUEL, Carlos Conceito de lei em sentido jurídico. *Ágora:* Revista de Divulgação Científica, Santa Catarina, v. 17, n. 1, 2010.

SILVA, Antônia Almeida. Políticas educacionais no Brasil: abordagens e dilemas. In: CONGRESSO IBERO-AMERICANO DE POLÍTICA E ADMINISTRAÇÃO DA EDUCAÇÃO, 4.; CONGRESSO LUSO BRASILEIRO DE POLÍTICA E ADMINISTRAÇÃO DA EDUCAÇÃO, 7, 2014, Porto, Portugal, 2014. Disponível em: <http://www.anpae.org.br/IBERO_AMERICANO_IV/GT6/GT6_Comunicacao/AntoniaAlmeidaSilva_GT6_integral.pdf>. Acesso em 2 fev. 2017.

SIRINELLI, J. F. Os intelectuais. In: Rémond, R. (Org.) *Por uma história política*. Rio de Janeiro: Editora FGV, 2003. p. 231-269.

SKINNER, Q. *Visões da política:* sobre os métodos históricos. Algés (Portugal): Difel, 2005.

SOUZA, Celina. Políticas públicas: uma revisão de literatura. *Sociologias*, Porto Alegre, ano 8, n. 16, p. 20-45, jul.-dez. 2006.

SOUZA, Rosa Fátima de. *Alicerces da pátria*: história da escola primária no estado de São Paulo (1890-1976). Campinas: Mercado das Letras, 2009.

STOER, S. R., CORTESÃO, L. e CORREIA, J. (Org.). *Transnacionalização da educação:* da crise da educação à educação da crise. Porto: Afrontamento, 2001.

TABORDA DE OLIVEIRA, Marcus Aurélio. O lugar do intelectual no prelúdio da modernidade: experiência e tradição seletiva na obra de José Francisco da Rocha Pombo. In: VALLE, I.; HAMDAN, J. C.; DAROS, M. D. (Org.). *Moderno, Modernidade e Modernização*: a educação nos projetos de Brasil – séculos XIX e XX. Belo Horizonte: Mazza Edições, 2014. v. 2. p. 37-64.

TEIXEIRA, Anísio. O estado atual da educação. *Revista Brasileira de Estudos Pedagógicos*. Rio de Janeiro: Inep, v. 39, n. 89, p. 08-16, jan./mar. 1963.

TEODORO, A. N. D. Organizações internacionais e políticas educativas nacionais: a emergência de novas formas de regulação transnacional, ou uma globalização de baixa intensidade. In: STOER, S.; CORTESÃO, L.; CORREIA, J. (Org.). *Transnacionalização da educação*: da crise da educação à "educação" da crise. Porto: Afrontamento, 2001.

TEODORO, António; ANÍBAL, Graça. Educação em tempos de Globalização. Modernização e hibridismo nas políticas educativas em Portugal. *Revista Lusófona de Educação*, n. 10, p. 13-26, 2007. Disponível em: <http://www.redalyc.org/html/349/34911872002/>.

TOURAINE, Alain. *Crítica da modernidade*. Tradução de Elia F. Edel. Petrópolis: Vozes, 1995.

TURCI, Deolinda Armani. Os conteúdos da matéria de pedagogia nas escolas normais mineiras do final do século XIX: ideias do moderno e da modernidade. In: GIL, N.; ZICA, M. C.; FARIA FILHO, L. M. (Org.). *Moderno, Modernidade e Modernização*: a educação nos projetos de Brasil – séculos XIX e XX. Belo Horizonte: Mazza Edições, 2012. v. 1. p. 151-166.

VALLE, Ione Ribeiro. O lugar da educação nos projetos de modernidade: escola e diferenciação social. In: VALLE, I.; HAMDAN, J. C.; DAROS, M. D. (Org.). *Moderno, Modernidade e Modernização*: a educação nos projetos de Brasil – séculos XIX e XX. Belo Horizonte: Mazza Edições, 2014. v. 2. p. 17-36.

VALLE, Ione Ribeiro; HANDAM, Juliana Cesário; DAROS, Maria das Dores (Org.). *Moderno, Modernidade e Modernização*: a educação nos projetos de Brasil – séculos XIX e XX. Belo Horizonte: Mazza Edições, 2014. v. 2. 288 p.

VEIGA, Cynthia Greive. Sentimentos de vergonha e embaraço: novos procedimentos disciplinares no processo de escolarização da infância em Minas Gerais no século XIX. ANAIS DO II CONGRESSO DE HISTÓRIA DA EDUCAÇÃO DE MINAS GERAIS. Uberlândia: Universidade Federal de Uberlândia, 2003

VEIGA, Cynthia Greive. Infância e modernidade. In: FARIA FILHO, L. M. (Org.). *A infância e sua educação*: materiais, práticas e representações (Portugal e Brasil). Belo Horizonte: Autêntica, 2004.

VEIGA, Cynthia Greive. *História da educação*. São Paulo: Ática, 2007.

VEIGA, Cynthia Greive. Representações da educação no debate político partidário republicano de minas gerais (1889-1906). In: CONGRESSO DE PESQUISA E. ENSINO EM HISTÓRIA DA EDUCAÇÃO EM MINAS GERAIS, 4., 2007. Disponível em: <http://www.fae.ufmg.br/portalmineiro/conteudo/externos/4cpehemg/Textos/pdf/3_3.pdf>.

VEIGA, Cynthia Greive. O processo escolarizador da infância em Minas Gerais (1835-1906): geração, gênero, classe social e etnia. 2008. Disponível em: <http://31reuniao.anped.org.br/>.

VEIGA, Cynthia Greive. A escola e a República. *Revista Brasileira de História da Educação*, Campinas, v. 11, n. 1 (25), p. 143-178, jan./abr. 2011.

VEIGA, Cynthia Greive. História da educação em Minas Gerais: dez anos de histórias de pesquisa e ensino. *Educação em Perspectiva*, Viçosa, v. 3., 2012.

VERSIEUX, D. P. *Modernização e escolarização do trabalho agrícola*: as fazendas-modelo em Minas Gerais (1906-1915). Dissertação (Mestrado). Belo Horizonte: CEFET/MG, Brasil, 2010.

VIEIRA, Carlos Eduardo. Intelectuais e o discurso da modernidade na I Conferência Nacional de Educação (Curitiba-1927). In: BENCOSTTA, Marcus Levy Albino (Org.). *Culturas escolares, saberes e práticas educativas: itinerários históricos*. São Paulo: Cortez, 2007.

VIEIRA, C. E. Intelligentsia e intelectuais: sentidos, conceitos e possibilidades para a história intelectual. *Revista Brasileira de História da Educação*. Campinas, v. 1, nº 16, p. 63-85, jan./abr. 2008.

VIEIRA, Carlos Eduardo. Erasmo Pilotto: identidade, engajamento político e crenças dos intelectuais vinculados ao campo educacional brasileiro. In: LEITE, J. L.; ALVES, C. (Org). *Intelectuais e história da educação no Brasil*: poder, cultura e políticas. Vitória: EDUFES, 2011.

VIEIRA, Carlos Eduardo. Intelectuais e Educação. *Pensar a Educação em Revista*, Curitiba/Belo Horizonte, v. 1, n. 1, p. 3-21, abr.-jun. 2015.

VILLARD, Madeleine. Maurice Agulhon. La sociabilité meridionale (Confréries e associations dans la vie collective en Provence orientale la fin du XVIIe siècle). *Bibliothèque de L'École des Chartes*, v. 124, n. 2, p. 595-596, 1966.

XAVIER, Libânia Nacif. *O Brasil como laboratório. Educação e Ciências Sociais no Projeto do Centro Brasileiro de Pesquisas Educacionais – CBPE/INEP/MEC (1950-1960).* Bragança Paulista: Edusf, 1999.

XAVIER, Maria do Carmo. A educação no debate do desenvolvimento: as décadas de 1950 e 1960. In: GIL, N.; ZICA, M. C.; FARIA FILHO, L. M. (Org.). *Moderno, Modernidade e Modernização*: a educação nos projetos de Brasil – séculos XIX e XX. Belo Horizonte: Mazza Edições, 2012. v. 1. p. 205-232.

ZICA, Matheus da Cruz e. Da honra da família à honra da pátria: modernidade e masculinidade oitocentistas na escrita de Bernardo Guimarães. In: GIL, N.; ZICA, M. C.; FARIA FILHO, L. M. (Org.). *Moderno, Modernidade e Modernização*: a educação nos projetos de Brasil – séculos XIX e XX. Belo Horizonte: Mazza Edições, 2012. v. 1. p. 81- 100.

ZICA, Matheus Cruz; OLIVEIRA, Patrícia Barros de. Notas a partir da análise do léxico sobre modernidade, gênero e educação mobilizado na Paraíba oitocentista. In: MESQUITA, I. M.; BARRETO, R. A. D. N.; NOGUEIRA, V. L. (Org.). *Moderno, Modernidade e Modernização*: a educação nos projetos de Brasil – séculos XIX e XX. Belo Horizonte: Mazza Edições, 2015. v. 3. p. 63-80.

Sobre os autores

CLEIDE MARIA MACIEL DE MELO – Graduação em Pedagogia e em Direito. Mestrado em Educação pela Puc/Minas; área de concentração: Sociologia e História da Profissão Docente e da Educação Escolar. Doutorado em Educação pela UFMG; linha de pesquisa: História da Educação. Pesquisadora do grupo de pesquisa HISTORIAR, vinculado ao Centro de Pesquisa em História da Educação/GEPHE, da Faculdade de Educação da Universidade Federal de Minas Gerais/FAE-UFMG. E-mail: cleidemaciel@uol.com.br

ILKA MIGLIO DE MESQUITA - Professora de História pela Pontifícia Universidade Católica de Minas Gerais (PUC Minas), mestrado em Educação pela Universidade Federal de Uberlândia (UFU), doutorado em Educação pela Universidade Estadual de Campinas (UNICAMP) e estágio pós-doutoral em História da Educação pela Universidade Federal de Minas Gerais (UFMG). Professora PPG da Universidade Tiradentes (UNIT). É líder do Grupo de Pesquisa História, Memória, Educação e Identidade (GPHMEI). E-mail: ilkamiglio@gmail.com

IONE RIBEIRO VALLE - Doutorado em ciências da Educação – Université René Descartes - Paris V – Sorbonne Pós-doutorado na École de Hautes Études en Sciences Sociales – EHESS – Paris Professora na Universidade Federal de Santa Catarina - UFSC, atuando no Programa de Pós-Graduação em Educação - PPGE. Coordenadora do grupo de pesquisa Ensino e Formação de Educadores em Santa Catarina - GPEFESC e do Laboratório de Pesquisas Sociológicas Pierre Bourdieu - LAPSB. Bolsista de Produtividade em Pesquisa 1D – CNPq. E-mail: ionevalle@ced.ufsc.br

JULIANA CESÁRIO HAMDAN - Professora de História e Filosofia da Educação na Universidade Federal de Ouro Preto, Departamento de Educação. Pesquisadora do Programa de Pós Graduação em Educação da mesma instituição. Desenvolve pesquisas no campo da História e da Historiografia da Educação com foco em sujeitos e instituições educacionais. Pedagoga, com Mestrado em políticas públicas e educação (UFMG/FaE/2001), Doutorado em História da Educação (UFMG/FaE/2007) e pós doutorado UFMG/FaE/2009). Realizou entre outubro de 2014 e julho de 2015 o estágio pós doutoral na Stanford University - Califórnia – USA. E-mail: julianach62@gmail.com

LUCIANO MENDES DE FARIA FILHO - Pedagogo pela Universidade Federal de Minas Gerais (UFMG). Mestrado em Educação pela Universidade Federal de Minas Gerais (UFMG). Doutor em Educação pela Universidade de São Paulo (USP). Professor Titular da FaE/UFMG. Diretor do Centro de Pesquisa, Memória e Documentação. Membro do Conselho Deliberativo do CNPq e da Câmara de Ciências Humanas, Sociais e Educação (CHE da FAPEMIG). Professor da FaE/UFMG. Pesquisador do CNPq e da FAPEMIG. E-mail: lucianomff@uol.com.br

MARCUS AURELIO TABORDA DE OLIVEIRA - Professor da Faculdade de Educação da Universidade Federal de Minas Gerais (FAE/UFMG). Atua nos Programas de Pós-Graduação em Educação e Inlusão Social e Interdisciplinar em Estudos do Lazer. Coordena do Centro de Estudos e Pesquisas em História da Educação (GEPHE) e o Núcleo de Pesquisas sobre a Educação dos Sentidos e das Sensibilidades (NUPES). Pesquisador do CNPq e da FAPEMIG. E-mail: marcutaborda@pq.cnpq.br

MARCUS VINICIUS CORRÊA CARVALHO - Possui Licenciatura em História pela Universidade Federal de Ouro Preto (1993), Mestrado em História pela Universidade Estadual de Campinas (1997), Doutorado em História pela Universidade Estadual de Campinas (2003) e Pós-Doutorado em História da Educação pela Universidade Federal de Minas Gerais (2012). Atualmente, é Professor Adjunto na Faculdade de Educação da Universidade Federal Fluminense (UFF), na área de História da Educação. Honrado com o Prêmio Casa de Rui Barbosa em 2009. E-mail: marcuscarvalho.uff@gmail.com

MARIA DAS DORES DAROS - Pedagoga pela Universidade Federal de Santa Catarina (1972), mestrado em Sociologia Política pela Universidade Federal de Santa Catarina (1984) e doutorado em Educação pela Universidade de São Paulo (1994). Realizou Estágio de Pós-doutorado na Universidade de Coimbra (2009). Atualmente é professora titular aposentada/voluntária no Programa de Pós-Graduação em Educação da Universidade Federal de Santa Catarina e membro do Laboratório de Pesquisas Sociológicas Pierre Bourdieu (LAPSB). E-mail: mdores@ced.ufsc.br

MATHEUS DA CRUZ E ZICA - Graduado em História pela UFMG. Mestre e Doutor em História da Educação pela UFMG. Pós-Doutor pelo Programa de Pós-Graduação em Educação da FaE/UFMG. Professor Adjunto do Departamento de Fundamentação da Educação do Centro de Educação da Universidade Federal da Paraíba (UFPB). E-mail: matheusczica@gmail.com

NATÁLIA GIL - Pedagoga, Mestre e Doutora em Educação pela Universidade de São Paulo (USP). Professora na Faculdade de Educação da Universidade Federal do Rio Grande do Sul (UFRGS) e coordenadora do projeto de pesquisa interinstitucional (UFRGS, UNICAMP, USP) "A escola obrigatória e seus alunos: acesso, permanência e desempenhos (1870-1970)", financiado pelo CNPq (processo nº 454937/2014-8). E-mail: natalia.gil@uol.com.br

RAYLANE ANDREZA DIAS NAVARRO BARRETO. Cientista Social e mestre em Educação pela Universidade Federal de Sergipe e Doutora em Educação pela Universidade Federal do Rio Grande do Norte com pós doutoramento na Universidade de Lisboa. Professora PPG da Universidade Tiradentes. É líder do Grupo de Pesquisa Sociedade, Educação, História e Memória. E-mail: raylanenavarro@bol.com.br

RITA CRISTINA LIMA LAGES é professora Adjunta do Departamento de Letras da Universidade Federal de Ouro Preto. Doutora em Educação (UFMG, 2013). Mestre em Educação (UFMG, 2007). Possui graduação em Letras e Pedagogia. É pesquisadora do Grupo de Estudos e Pesquisas em História da Educação da UFOP. É membro do projeto interinstitucional de pesquisa "Moderno, Modernidade e Modernização: a educação nos projetos de Brasil (1822-2022)". Tem experiência nas áreas: Letras, Educação, Ensino de Línguas Estrangeiras Modernas, Orientação de Estágio Curricular, Formação de Professores. Como pesquisadora, atua nos seguintes temas: História da Educação, História do Ensino de Línguas no Brasil, História do Currículo e das disciplinas escolares. E-mail: ritallages@yahoo.com.br

ROSANA AREAL DE CARVALHO - Possui graduação em História pela Universidade Federal de Mato Grosso (1987) e doutorado em História Econômica pela Universidade de São Paulo (2000). Atualmente é professor associado da Universidade Federal de Ouro Preto. Tem experiência na área de Educação, com ênfase em História da Educação, atuando principalmente nos seguintes temas: educação, história da educação, história das instituições escolares, intelectuais, imprensa, instrução pública e fontes para história da educação. Pós-doutorado em História da Educação junto ao GEPHE/FAE/UFMG e NEPHE/FACED/UFU. Docente da Fundação Logosófica em Prol da Superação Humana. E-mail: rosanaarealdecarvalho@gmail.com

VERA LÚCIA NOGUEIRA. Doutora (2009) e Mestre (2002) em Educação (FaE/UFMG). Pedagoga (1995) pela mesma Instituição. Tem experiência na área da Pedagogia atuando nas áreas de Políticas Públicas; História da Educação; Educação de Jovens e Adultos; Metodologia de Ensino; Projeto Político-Pedagógico; Gestão da Educação e da Escola. É pesquisadora da História da Educação, coordenadora do Núcleo de Estudos e Pesquisas em História da Educação NEPHE/FaE/UEMG - e membro do Centro de Estudos e Pesquisas em História da Educação. GEPHE/FaE/UFMG. Bolsista FAPEMIG pelos Editais BIPDT (03/2016 e 03/2017) e PPM (2018). Realizou estágio de pós-doutoramento na FaE/UFMG sob a supervisão do prof. Dr. Luciano Mendes de Faria Filho. Professora e coordenadora do Programa de Pós-Graduação em Educação e Formação Humana (PPGE) da Universidade do Estado de Minas Gerais (UEMG). E-mail: vera.nogueira@uemg.br

Este livro foi composto em tipologia Minion Pro e impresso em papel Offset 75 g/m2 (miolo) e Cartão 250 g/m2 (capa).